——新课程背景下教师必备基本功系列——

新时期教师必备
之信息技术应用能力

赵红 韩颖◎编著

XINSHIQIJIAOSHIBIBEI

ZHIXINXIJISHU

YINGYONGNENGLI

吉林文史出版社

图书在版编目（CIP）数据

新时期教师必备之信息技术应用能力／赵红，韩颖编著.
——长春：吉林文史出版社，2012. 11(2021.6重印)
（新课程背景下教师必备基本功系列）
ISBN 978 - 7 - 5472 - 1293 - 6
Ⅰ. ①新… Ⅱ. ①赵… ②韩… Ⅲ. ①中小学 - 计算
机辅助教学 - 教学研究 Ⅳ. ①G434
中国版本图书馆 CIP 数据核字（2012）第263585 号

新课程背景下教师必备基本功系列

新时期教师必备之信息技术应用能力

XINSHIQIJIAOSHIBIBEI ZHI XINXIJISHUYINGYONGNENGLI

编著／赵红　韩颖
责任编辑／高冰若
封面设计／小徐书装
出版发行／吉林文史出版社
地址／长春市福祉大路5788号
邮编／130118
网址／www. jlws. com. cn
印刷／三河市燕春印务有限公司
开本／710mm×1000mm　1/16
印张／12.5　字数／150 千字
版次／2013 年 1 月第 1 版　2021 年 6 月第 3 次印刷
书号／ISBN 978 - 7 - 5472 - 1293 - 6
定价／39.80 元

前 言

　　信息技术是指在计算机和通信技术支持下用以获取、加工、存储、变换、显示和传输文字、数值、图像以及声音信息，包括提供设备和提供信息服务两大方面的方法与设备的总称。当下人类已进入信息社会，信息正改变着我们的生活和工作方式，也改变着教育与学习的方式。信息技术发展之快，让我们难以跟上其发展步伐，新时期的教师也面临着同样的问题。为了解决这一问题，我们从新时期教师应该具有的基本信息技术应用能力出发，编写了本书。

　　本书分两篇，共 8 章，从两个大方面（多媒体技术应用和网络资源获取与应用）阐述了新时期教师应该具有的基本信息技术应用能力。上篇是多媒体技术应用，共 4 章：第一章常用软件在教学中的应用，主要介绍了 Word、Excel 与 Powerpoint 基本操作知识及典型教学案例分析；第二章多媒体素材获取与处理实用软件，介绍了动态文字获取与处理软件 Cool 3D、音频处理软件 Adobe Audition、图片处理软件 Picasa、多媒体素材集成软件——Authorware。这四个软件分别从动态、静态、音频处理等角度介绍了在教学中不同类型多媒体素材的处理；第三章学科应用软件，包括 4 个软件：几何画板、化学金排、金排物理画板和金排生物画板。这几个软件都有自己专属的应用学科，虽然应用范围较小，但对于专业教师的帮助不可小视；第四章现代化教学系统，从多媒体教室、语音室和微格教室三个方面介绍了现代化的教学方式。下篇网络资源的获取与应用，共 4 章：第一章网络教育资源概述与分类，对网络资源的分类及搜索引擎的使用加以介绍；第二章教师叙事交流技术——博客，介绍了博客的使用方法及其在教学教研中的应用，特别介绍了好看簿的使用方法；第三章教学资源汇聚技术——Rss 订阅，主要介绍 Rss 的使用方法及在教学教研中的使用，特别介绍鲜果网站的使用。第四章教学资源管理技术，主要介绍了社会性书签的使用及在教学教研中的应用。

本书编写特色：

1. 本书分两篇，上篇多媒体技术，下篇网络资源获取与应用技术。每一篇自成一体，但却都是教师需要掌握的基本信息技术能力。

2. 本书的编写主要面对广大一线教师，所以在编写过程中力求实用、易懂，案例主要选择与教学教研紧密相关的实例。

3. 本书案例较多，由浅入深呈现，符合学习规律，更易于掌握。

本书上篇由赵红编写，下篇由韩颖编写。信息技术涵盖范围广，发展速度快，又限于作者的能力，不足之处敬请读者指正批评。

赵 红

2012 年 10 月

目 录
contents

上篇　多媒体技术应用

下篇　网络资源获取与应用

上 篇
多媒体技术应用

第一章　常用软件在教学中的应用

教学中常用的软件本章主要介绍 Microsoft Office 的系列软件。Microsoft Office 是微软公司开发的基于 Windows 操作系统的系列办公软件，它主要包括 Word、Excel、Powerpoint、Access、FrontPage 等。本章主要介绍 Word、Excel 和 Powerpoint。

第一节　文字处理软件——Word

Word 是文字处理软件，它被认为是 Office 的主要程序，它不仅在文字处理软件市场上占据着主导地位，在教育教学领域中的应用也相当广泛。本节主要学习 Word 基本知识，并通过对具体实例（编制试卷）的详解来学习 word 在教学中的应用。

一、Word基本知识

（一）Word 启动

1. 通过快捷方式启动 Word，用户可以在桌面上为 Word 建立快捷图标，双击 Word 的快捷图标即可启动 Word。

2. 从"开始"菜单启动，即：开始 → 程序 → Microsoft Office → Microsoft Office Word，即可启动 Word。

3. 通过打开已有的文档来启动 Word。

（二）Word 工作界面

启动 Word 后，会出现如图所示的界面，即 Word 窗口。Word 窗口由标题栏、菜单栏、工具栏、工作区和状态栏、标尺、滚动条等部分组成。如图 1−1

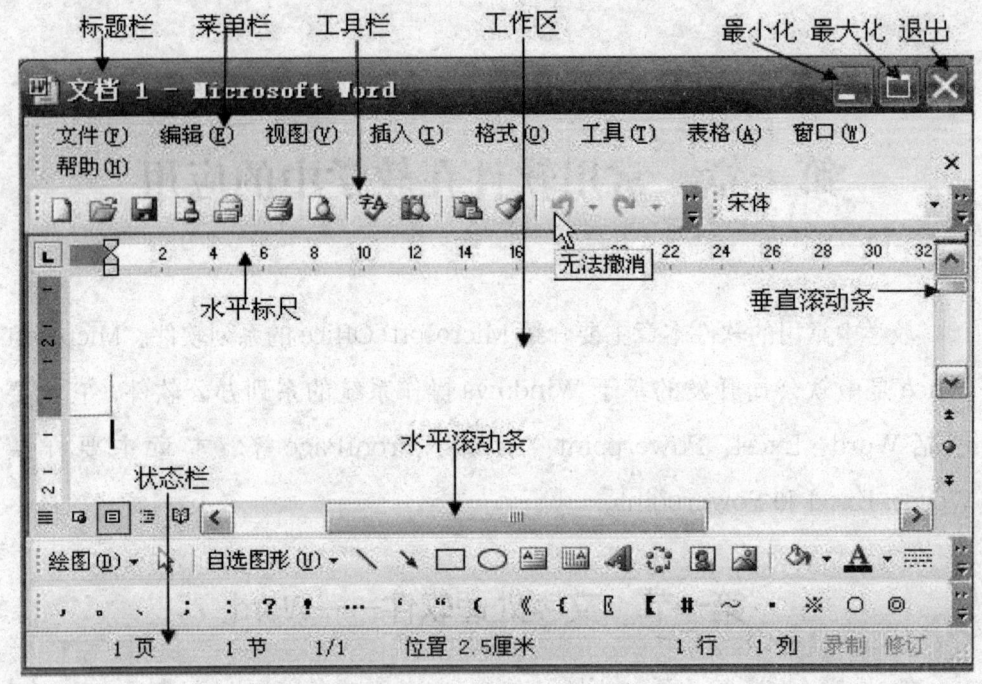

图1-1 Word 界面

所示。

1. 标题栏

Word 窗口最上端的一栏是标题栏，标题栏左边显示的是 Word 图标及正在编辑的文档名称，对于新建的文档一般默认名称为"文档1"，后面接着是应用程序名 Microsoft Word。右边是最小化、最大化（还原）和关闭程序三个按钮。

2. 菜单栏

标题栏的下方是菜单栏，由"菜单"、"帮助列表框"和"×"（关闭按钮）组成，如图所示。

菜单栏提供了9个菜单：文件、编辑、视图、插入、格式、工具、表格、窗口、帮助。每个菜单包含有由若干个命令组成的下拉菜单，这些下拉菜单包含了 Word 的各种功能。单击菜单栏中的菜单可以拉出相应菜单的下拉菜单，执行相应的命令，完成相应的功能。

帮助列表框：在"帮助"文本框中输入需要帮助的关键字，在键盘上按"Enter"键后，Word 会将相关的内容搜索结果显示在任务窗格中，我们只要单击其中的链接，就可以看到自己需要的内容。

关闭按钮：鼠标单击关闭按钮可以关闭正在编辑的文档。

3. 工具栏

工具栏中的按钮是从菜单命令中筛选出来的，以按钮的形式代表操作命令。工具栏直接在窗口出现，是执行菜单命令的快捷方式，利用鼠标单击工具栏上的按钮就可以执行一条 Word 命令。

Word 提供了多种工具栏，启动 Word 后窗口中默认显示"常用"工具栏和"格式"工具栏。此外，用户可以根据不同需要同时打开多个工具栏，也可以关闭一些不常用的工具栏。

小提示：除在窗口中默认出现的"常用"和"格式"工具栏外，还有"绘图"、"图片"等工具栏，可单击"视图"下拉菜单里的"工具栏"，选择相应的工具栏名来打开或关闭。

"常用"工具栏：集中了 23 个 Word 操作中常用的命令按钮，它包含了有关文件管理、文本编辑、视图操作的一些常用命令。

"格式"工具栏：以下拉列表框和形象化的图标方式列出了常用的排版命令，可对文字的样式、字体、字号、对齐方式、颜色、段落编号等进行排版。

4. 工作区

工作区是窗口中最大的一块区域，在工作区中可输入和编辑文本。工作区中有一个不断闪烁的竖条，称为光标。光标所在的位置叫作插入点，插入点表示输入字符的位置，在输入内容后光标往后移，相应地插入点也向后移。通过鼠标点击和方向键也可以移动光标。

5. 状态栏

状态栏位于 Word 窗口底部,显示 Word 文档的有关信息,如文档总页数、当前页的页号、光标所在位置的行号列号、文档当前的编辑方式等。

6. 标尺

左边的叫"垂直标尺"，上边的叫"水平标尺"。利用标尺可以查看或设置页边距、表格的行高、列宽及插入点所在的段落缩进等。用于排版和对对象的精确定位。

7. 滚动条

滚动条分为水平滚动条和垂直滚动条。右边的叫作"垂直滚动条"，下边的叫作"水平滚动条"。用鼠标左键单击滚动条两端的箭头或者直接拖动滚动条中间的方形滑块，可以查看不同部位的内容。

二、案例分析——编制试卷

作为教师，日常教学工作中经常需要编制试卷，如何制作出一份标准的试卷是很多教师遇到的问题，这一问题用 Word 就可以轻松解决。下面我们将详细介绍在 Word 中制作出一份标准试卷的过程。

（一）页面设置

新建一个文档取名为"试卷"并保存。试卷通常使用 8K 纸张、横向、分两栏打印，因此在制作之前，先要进行页面设置。执行"文件"→"页面设置"命令，打开"页面设置"对话框，在打开的"页面设置"对话框中单击"纸张"选项卡，在"纸张大小"下拉列表框中选择"自定义大小"，宽度设为 36.8 厘米，高度设为 26 厘米。单击"页边距"选项卡，将上、下、左、右页边距分别设为 2 厘米、2 厘米、4 厘米、2 厘米。左边要放置试卷头，因此页边距设为 4 厘米。"方向"选择"横向"，单击"确定"按钮完成设置并返回。

（二）制作试卷标题

一般在试卷的第一页的顶部都有试卷的标题，例如：吉林省四平市第一实验中学 2011-2012 学年第一学期高三《语文》期末试卷。下面我们将以这一标题作为试卷标题来学习试卷标题的制作。

1．在《试卷》文档的第一页输入文本"吉林省四平市第一实验中学2011~2012学年第一学期高三《语文》期末试卷"。

2．选择所输入文本，单击工具栏上的"字体"下拉列表框，选择"黑体"。单击"字号"下拉列表框，将字号设为"三号"。

3．选择文本"吉林省四平市第一实验中学"，单击"格式"→"中文版式"→"双行合一"。打开"双行合一"对话框，选择"带括号"，单击"确定"按钮完成设置并返回，效果如图1-2所示。

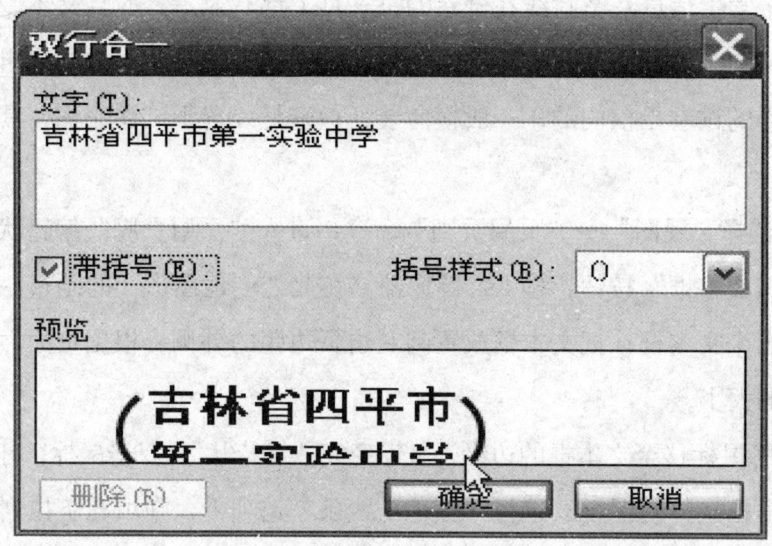

图1-2　"双行合一"对话框

4．选择双行合一的文本"吉林省四平市第一实验中学"，单击"字号"，设置为一号字。这时我们会发现双行合一后的文本"吉林省四平市第一实验中学"与后面的文字中心不在一条直线上。选择双行合一后的文本"吉林省四平市第一实验中学"，单击"格式"→"字体"，打开"字体"对话框，选择"字符间距"选项卡，位置区域的下拉列表选择"降低"，磅值选择3磅。这样标题看起来比较美观。

5．把鼠标在标题的位置单击，单击"居中"按钮，使整个标题居中显示。最终效果如图1-3所示。

（ 吉林省四平市第一实验 ）中学2011－2012学年第一学期高三《语文》期末试卷

图1-3 试卷标题效果图

（三）制作试卷密封线

标准的试卷上都有密封线，用于输入考生信息，一般包括姓名、学号等，这些信息不能让阅卷者看到，因此我们把这部分内容与试卷内容用密封线隔开后装订，接下来我们将介绍密封线及考生信息的制作。

由于学生信息及密封线在试卷的每一页上都有显示，而且又不受到编辑试卷正文的干扰，因此我们把这部分内容放到"页眉页脚"内来编辑。本案例中制作的试卷是横向的，一般横向装订，密封线置于试卷左侧，具体步骤如下：

1．选择"视图"→"页眉页脚"命令，进入"页眉页脚"编辑状态，单击"竖排文本框"按钮，按 Esc 键取消"在此处创建图形"的画布，在文档左侧拖出个文本框，把文本框放置到左边页边距的外侧，根据页面大小调整文本框的大小。

2．将鼠标移至文本框的边缘，鼠标变成"梅花状"，双击鼠标，打开"设置文本框格式"对话框，选择"颜色与线条"选项卡，在填充下拉列表框中选择"无颜色填充"，在"线条"下拉列表框中选择"无线条颜色"，单击"确定"按钮完成设置并返回。

3．在文本框中输入"学校："，单击"下划线"按钮，输入若干空格。用同样的方法制作出班级、姓名、学号等信息。如图 1-4 所示。

图1-4 密封线中学生信息效果图　　　　图1-6 密封线最终效果图

4.在文本框中单击鼠标右键,选择"文字方向",打开"文字方向"对话框,选择最左边的一种样式,单击"确定"按钮完成设置并返回。如图1-5所示。

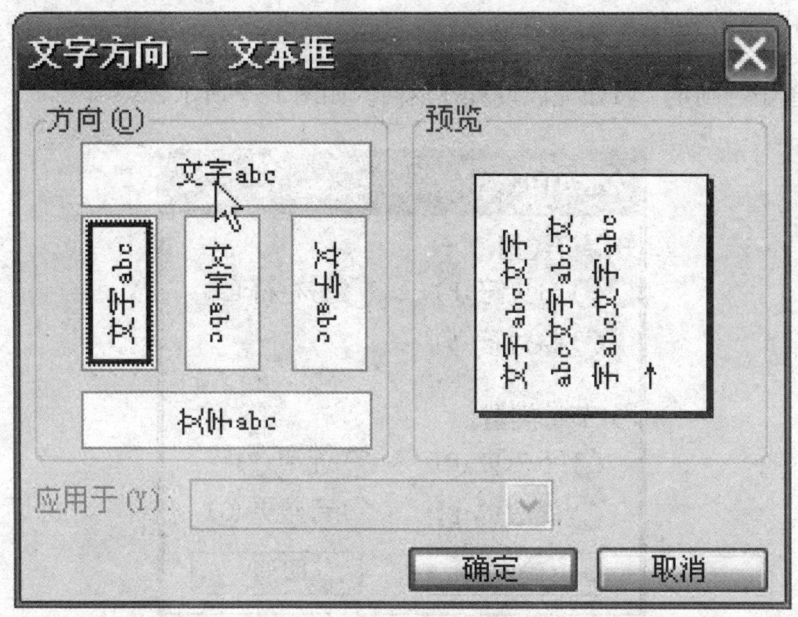

图1-5 "文字方向"对话框

5.将光标移至文本框中文字的末尾,按两次回车键后输入文本"密封线",将光标移至"密"字前,在中文输入法状态下按"Shift+6"插入连接线"……"。同样方法输入其他连接线。

6. 单击"页眉和页脚"工具栏上的"关闭"按钮返回文档编辑状态，密封线制作完成。效果如图1-6所示。

小提示：添加了页眉后，页眉处出现了一条横线，影响试卷的制作，我们可以用下面的方法将其清除：在页眉处双击鼠标，再次进入"页眉和页脚"编辑状态，执行"格式"→"边框和底纹"命令，打开"边框和底纹"对话框，在"边框"选项卡中，选择"无"边框样式，在"应用于"下拉列表框中选择"段落"，单击"确定"按钮完成设置并返回。

（四）设置分栏显示

试卷一般都是分栏显示的，也就是将页面上的试卷内容分成左右两部分。因此我们要对试卷进行分栏设置。

1. 为了防止标题被分栏，我们要在标题行的末尾插入一个分节符。选择"插入"→"分隔符"，打开"分隔符"对话框，在"分节符类型"中选择"连续"，单击"确定"按钮完成设置并返回。如图1-7所示。

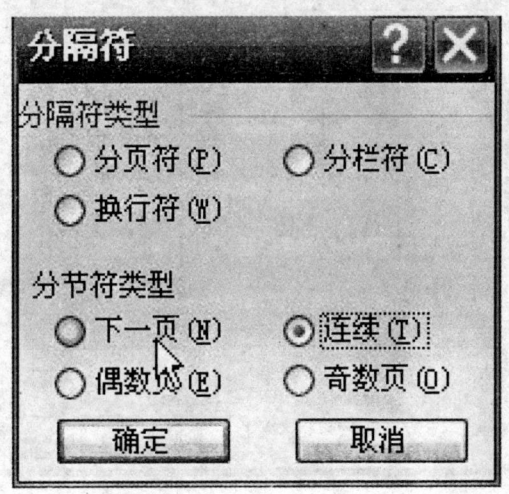

图1-7 "分隔符"对话框

2. 将光标定位在标题行下面的空行中，选择"格式"→"分栏"命令，打开"分栏"对话框，在预设区域选择"两栏"，"应用范围"设为"所选节"，并在两栏间加一条分隔线，单击"确定"按钮，完成设置。如图1-8所示。

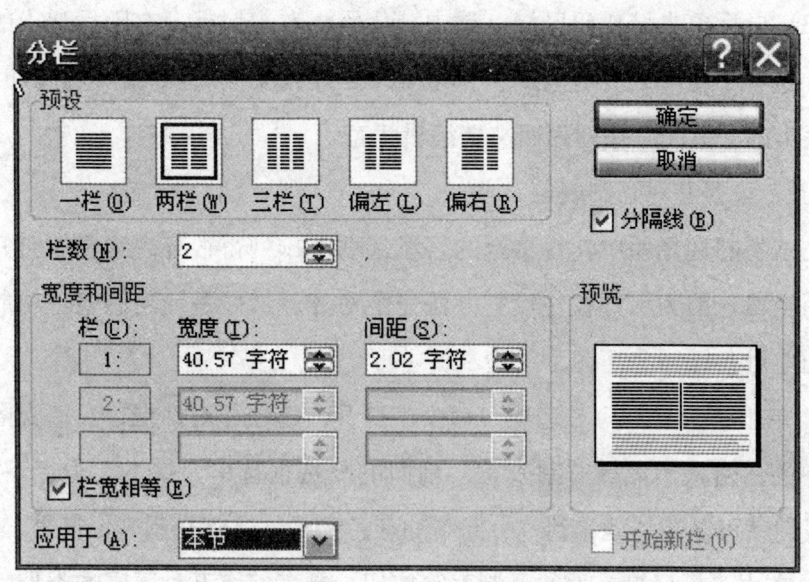

图1-8　"分栏"对话框

3. 设置分栏页码

（1）再次进入"页眉和页脚"编辑状态，在"页脚"文本框位置单击，对"页脚"进行编辑。在左边页脚处输入字符"第"，按下"Ctrl+F9"组合键插入域记号（一对大括号{}），在大括号内输入"="，单击工具条的"插入页码"按钮，在后面输入"*2-1"字符；在大括号右外侧输入字符"页共"，按下"Ctrl+F9"组合键插入域记号，在大括号内输入"="，单击工具条的"插入页数"按钮，在后面输入"*2"字符，在大括号右外侧输入字符"页"。

（2）在右边页脚处输入字符"第"，按下"Ctrl+F9"组合键插入域记号（一对大括号{}），在大括号内输入"="，单击工具条的"插入页码"按钮，再后面输入"*2"；在大括号右外侧输入字符"页共"，按下"Ctrl+F9"组合键插入域记号，在大括号内输入"="，单击工具条的"插入页数"按钮，在后面输入"*2"，在大括号右外侧输入字符"页"。如图1-9所示。

第 {=1*2-1} 页共 {=1*2} 页　　　　　　　　　第 {=1*2} 页共 {1*2} 页

图1-9　分栏页码设置效果图

（3）鼠标单击域代码区域，选中域代码，右击鼠标，在随后弹出的快捷菜单中选择"更新域"选项，并调整好页码位置。最后单击"页眉和页脚"工具栏上的"关闭"按钮返回文档编辑状态。

（五）设置左对齐制表位

在试卷的选择题中，每个题的答案选项都排列得很齐。这里的对齐方法不是用空格，因为那样往往没有办法完全对齐，最好是使用制表位功能，可以精确地对齐每一个答案。

1. 单击"工具"→"选项"命令，打开"选项"对话框，在"视图"选项卡中的"格式"区域"制表符"前面的复选框选中，单击"确定"按钮，这样我们就可以清楚地看到一个向右的灰色箭头，这就是制表位符号。

2. 在水平标尺最左端的是制表符按钮，制表符有五种不同的类型：左对齐制表符、居中式制表符、右对齐制表符、小数点对齐式制表符、竖线对齐式制表符。试卷中的选择题我们选择左对齐制表符，用鼠标单击制表符按钮，每单击一次更换一种制表符类型，直到出现左对齐制表符。

3. 将鼠标移到水平标尺上，在需要放置选择答案的对齐位置上单击，这样标尺上就设置了相应的制表位（本例中我们设置两个制表位），如图 1-10 所示。

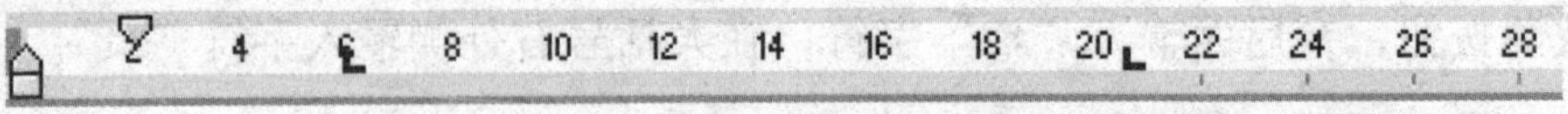

图1-10 水平标尺上的两个制表位

4. 按 TAB 键，光标就与第一个制表位对齐了。输入选择答案"A．罹难/淋漓尽致"，然后按一下 TAB 键，光标与下一个制表位对齐，再输入"B．酩酊/鼎力相助"，按回车键，再按 TAB 键，输入"C．瓶颈/泾渭分明"，再按一下 TAB 键，输入"D．斡旋/运筹帷幄"。效果如图 1-11 所示。

1.下列词语中加点字，读音相同的一组是（3分）

A.罹难 / 淋漓尽致 　　　　B.酩酊 / 鼎力相助

C.瓶颈 / 泾渭分明 　　　　D.斡旋 / 运筹帷幄

图1-11　选择题答案的输入

小提示：若要同时调整多行中的制表符的位置，调整前应选择多行文本，然后拖动标尺上的制表符到合适的位置，则可以实现。若要删除制表符，则只要用鼠标将标尺上的制表符拖至标尺外，就可删除制表符。

第二节　电子表格及数据处理软件——Excel

Excel 是电子数据表程序，能够对数据进行计算、排序和筛选，并且具有强大的制作图表的功能。本节主要介绍 Excel 的基础知识，并通过具体实例（成绩分析）来展示 Excel 在教学中的应用。

一、Excel基本知识

（一）Excel 启动

1. 通过快捷方式启动 Excel，双击桌面上的 Excel 快捷图标即可启动 Excel。

2. 从"开始"菜单启动，即：开始 → 程序 → Microsoft Office → Microsoft Office Excel，即可启动 Excel。

3. 通过打开已有的文档来启动 Excel。

（二）Excel 工作界面

启动 Excel 之后我们会看到如下的工作界面，图 1-12，它是由标题栏、菜单栏、工具栏、编辑栏、工作区域和状态栏等窗口组成的，与 Word 相似，下面我们将对每个工作窗口做详细的介绍。

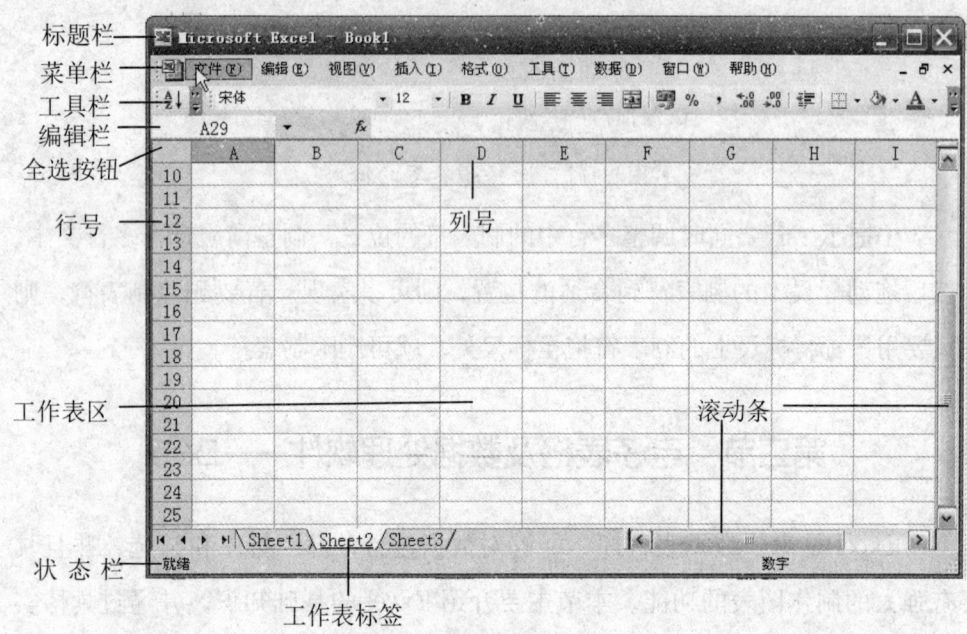

图1-12 Excel工作界面

1. 标题栏

标题栏位于 Excel 工作界面的最上面，背景以蓝色显示。标题栏左边是 Excel 的图标，后面是应用程序的名称（Microsoft Office Excel），接着的连字符后面是当前正在编辑的工作簿的名称；标题栏最右边的三个按钮分别是最小化、最大化（还原）及关闭按钮。

2. 菜单栏

标题栏下面是菜单栏，Excel 菜单栏包含9个菜单：文件、编辑、视图、插入、格式、工具、表格、窗口和帮助，这9个菜单包含了 Excel 的所有操作命令。用鼠标单击可引出一个下拉式菜单，可从中选择要执行的命令。

3. 工具栏

工具栏位于菜单栏的下面，Excel 把一些最常用的命令做成按钮，用鼠标单击命令按钮可快速执行相应的命令，提高工作效率。Excel 工具栏一般包括常用工具栏和格式工具栏。常用工具栏提供用于日常操作的命令按钮，格式工具栏是对编辑后的数据进行格式化，能进行选择字体、字型、边界等操作。

4. 编辑栏

工具栏的下面是编辑栏，编辑栏有两部分：左端是名称框，显示当前活动的单元格地址，也可以在这里给一个或一组单元格定义一个名称或直接选择定义过的名称来选择单元格；右端白色区域是编辑栏，选中单元格后在这里单击就可以直接输入单元格的内容，如公式、文字及数据等。在编辑栏中单击后可以看到三个按钮：取消（×）、恢复到单元格以前的状态、输入（√）确定输入栏的内容为当前选定单元格的内容；单击符号"="表示在单元格中输入的是公式。

5. 工作区

工作区也称为工作簿窗口，位于编辑栏的下面。它包括全选按钮、列标、行标、工作表区、滚动条。

（1）全选按钮：就是名称框下面灰色的小方块儿，单击它可以选中当前工作表的全部单元格。

（2）列标：全选按钮右边的 A、B、C……是列标，单击列标可以选中相应的列。

（3）行标：全选按钮下面的 1、2、3……是行标，单击行标可以选中相应的整行。

（4）工作表区：中间最大的区域就是 Excel 的工作表区，是编辑单元格的工作区域。

（5）滚动条：工作表区的右边和下面有两个滚动条，拖动滚动条可查看工作表的内容。

（6）工作表标签：每个 Excel 文档叫一个工作簿，一个工作簿由几个工作表组成。每个工作表有一个标签，标签区位于工作簿窗口的底部，用来显示工作表的名称。新建一个 Excel 文档默认有三个工作表，工作表的名称依次为：sheet1、sheet2、sheet3，一个工作簿最多可以含有 255 个工作表。单击工作表标签可切换当前正在编辑的工作表，或单击标签左侧的四个带箭头的按钮，也可在各个工作表之间进行切换。

小提示：若想更改工作表名称，可双击标签或在标签上右击选择"重命名"即可。

（7）单元格、活动单元格：单元格是由横线和竖线分割成的格子，其地址由列号与行号组成；活动单元格为当前选中的一些单元格，有黑色粗线边框。

6. 状态栏：可显示当前键盘的几个 LOCK 键的状态，如 NUM，表示 Num Lock 是打开的。按一下键盘上的"Num Lock"键，这个标记就消失了，表示不再是 Num Lock 状态。

二、案例分析——成绩统计分析

每一门考试特别是期末考试结束之后，教师都要对学生的成绩进行分析统计，比如要统计出学生的总分、平均分、排名、单科的最高分、最低分、及格率、优秀率等，如果用传统的方法来计算显然会很麻烦，如果你学会了用 Excel 来统计的话，你就会发现原来成绩统计分析还可以这么简便！

下面是某中学 2011—2012 学年第一学期期末考试成绩（高一一班），分别统计出该班学生的总分、平均分、总分排名、单科的最高分、最低分、及格率、优秀率及各分数段人数。

（一）统计学生的总分、平均分及总分排名

1. 打开原始成绩表——高一一班期末考试成绩表，如图 1-13 所示。英语、数学、语文满分为 120 分，综合满分 300 分。

第四实验中学2011-2012学年第一学期高一一班期末考试成绩统计分析表								
序号	姓名	英语	语文	数学	综合	总分	平均分	班级名次
1	张成祥	124	109	132	167			
2	唐来云	102	137	130	234			
3	张雷	123	97	147	135			
4	韩文岐	91	128	140	269			

图1-13 学生原始成绩表

2. 单击 G3 单元格，输入"=SUM(C3:F3)"，如图 1-14 所示，并按下回车键，得到第一位学生的总分。利用自动填充功能，单击 G3 单元格，鼠标指向自动填充句柄，向下拖动鼠标至 G52，得到每一位学生的总成绩。

总分	平均分	班级名次
=SUM(C3:F3)		

图1-14 计算总分

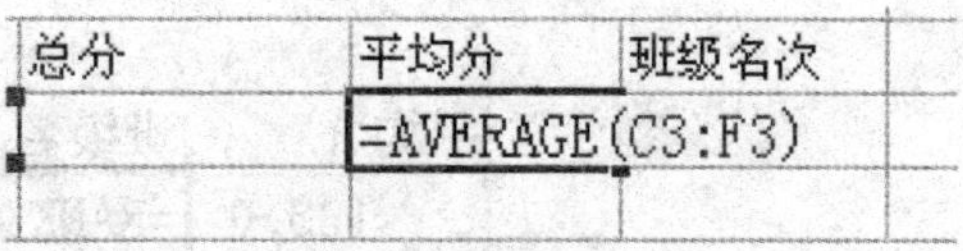

总分	平均分	班级名次
	=AVERAGE(C3:F3)	

图1-16 计算平均分

小提示：在 Excel 中使用"填充句柄"来达到自动填充。所谓填充句柄，是指位于当前活动单元格右下方的黑色方块（如图 1-15）。

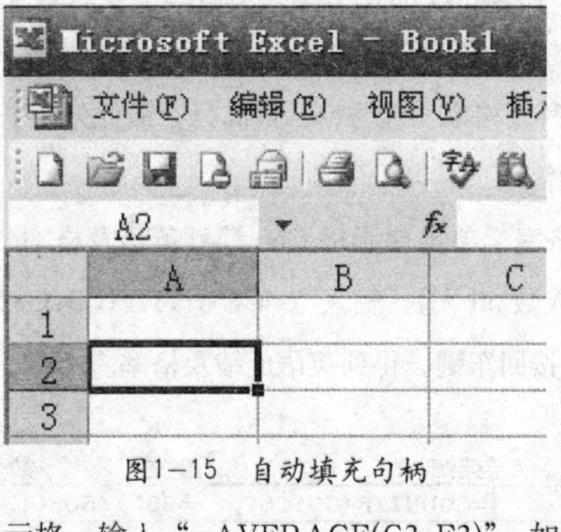

图1-15 自动填充句柄

3. 单击 H3 单元格，输入"=AVERAGE(C3:F3)"，如图 1-16 所示，按下回车键，得到第一位学生的平均分。利用自动填充功能，单击 H3 单元格，鼠标指向自动填充句柄，向下拖动鼠标至 H52，得到每一位学生的平均分。

4. 计算结果中平均分保留了两位小数，平均分保留一位小数即可，更改小数位数，单击列号 H 选中整列，单击右键，从打开的菜单中选择"设置单元格格式"，打开"单元格格式"对话框，选择"数字"选项卡，在分类区域里选择"数值"，小数位数设为"1"。单击"确定"按钮返回。

5.Excel 排序很简单，将光标定位在总分所在列，直接单击工具栏上的排序按钮，排序按钮分升序按钮 ⬆ 和降序按钮 ⬇，根据要求自行选择，学生成绩即可按升序或降序排列好。但排序后学生的序号发生了变化，若想序号不变，按总成绩排名，用函数 RANK 即可实现。

6. 单击 H3 单元格，输入"=RANK($G$3,$G$3:$G$52,0)"，利用自动填充功能得到每位学生的排名。如图 1-17 所示。

平均分	班级名次	
133.0	=RANK(G3,$G$3:$G$52,0)	

图1-17　利用函数RANK排名

小提示：RANK(X,Y,Z) 函数有三个参数：第一个参数为需要排序的数字；第二个参数为需要排序的整个区域；第三个参数为排名方式，若省略或是"0"，则表示降序排序，若为"1"，则表示升序排序。

（二）统计各科及格率、优秀率、最高分、最低分及平均分

1. 计算及格率

（1）英语及格率：单击单元格 C60 计算英语及格率（英语满分 150 分，90 分及格，学生人数 50 人），输入"=COUNTIF(C3:C52，">=90")/50"，如图 1-18 所示，按回车键，得到英语成绩及格率。

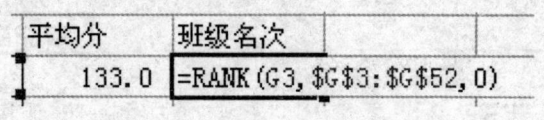

统计科目	英语	语文	数学	综合
及格率	=COUNTIF(C3:C52,">=90")/50			

图1-18　计算英语及格率

（2）语文和数学及格率：利用自动填充功能，单击单元格 C60，当鼠标变成黑色的十字时，向右拖动鼠标至 E60，分别得到语文和数学的及格率。

（3）综合及格率：单击单元格 F60，输入"=COUNTIF(C3：C52，">=180")/50"，按回车键得到综合及格率。由于综合满分 300 分，所以 180 分为及格。

（4）设置百分比：及格率一般以百分比的形式显示，所以选中"C60：F60"，单击右键，选择"设置单元格格式"，打开"单元格格式"对话框，单击"数字"选项卡，在分类中选择"百分比"，小数位数选择"1"，则及格率以百分比的形式显示。

小提示：函数 COUNTIF(X，Y)是计算区域中满足给定条件的单元格数。它有两个参数：第一个参数为需要计算其中满足条件的单元格数目的单元格区域；第二个参数为需要满足的条件。

2.计算优秀率

英语、语文、数学大于等于 120 分为优秀，综合大于等于 240 分为优秀。

（1）计算英语、语文及数学优秀率：单击单元格 C61，输入"=COUNTIF(C3：C52，">=120")/50"，如图 1-19 所示。按回车键，得到英语优秀率。利用自动填充功能拖动鼠标到 E61，分别得到语文、数学优秀率。

统计科目	英语	语文	数学	综合
及格率	86.0%	76.0%	92.0%	80.0%
优秀率	=COUNTIF(C3:C52,">=120")/50			
最高分				

图1-19 计算英语优秀率

（2）计算综合优秀率：单击单元格 F61，输入"=COUNTIF(C3：C52，">=240")/50"，按回车键得到综合优秀率。选中"C61：F61"，单击鼠标右键，选择"设置单元格格式"，在单元格格式对话框中设置以百分比显示，小数位数保留"1"位。

3. 计算各科最高分、最低分、平均分

（1）计算最高分：单击单元格 C62，输入"=MAX(C3：C52)"，按回车键，得到英语最高分。利用自动填充功能，即可得到语文、数学和综合科的最高分。

（2）计算最低分：单击单元格 C63，输入"=MIN(C3：C53)"，按回车键，得到英语最低分。利用自动填充功能，即可得到语文、数学和综合科的最低分。

（3）计算平均分：单击单元格 C64，输入"=AVERAGE(C3：C52)"，按回车键，得到英语平均分。利用自动填充功能，即可得到语文、数学和综合科的平均分。

（三）不及格的学生成绩显示成红色

在统计学生成绩的时候，往往要查看不及格的学生，所以我们把不及格的学生成绩以红色显示出来。本例中英语、语文、数学低于 90 分为不及格，而综合科则低于 180 分为不及格。

选中英语、语文和数学成绩区域，单击"格式"→"条件格式"，打开"条件格式"对话框，如图 1-20 所示。条件 1 选择默认选项——单元格数值，条件选择"小于"，后面输入"90"，单击"格式"，打开"单元格格式"对话框，在"字体"选项卡中颜色设为红色，单击"确定"按钮返回，则不及格的成绩以红色显示。同样可以对综合科不及格的成绩进行设置，但不及格的值应设为 180。

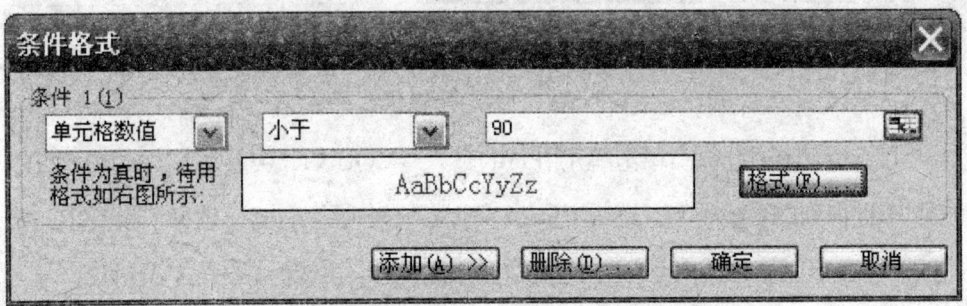

图1-20 "条件格式"对话框

第三节　多媒体课件制作软件——PowerPoint

PowerPoint 是制作演示文稿的程序，在演示文稿中可以加入各种文字、图形、图片、表格、声音、图像等，使其具有极强的感染力。本节主要介绍 PowerPoint 基础知识及如何利用其简单快捷的功能制作出适合教学的课件。

一、PowerPoint基础知识

（一）PowerPoint 启动

1. 通过快捷方式启动 PowerPoint，双击桌面上 PowerPoint 的快捷图标即可启动 PowerPoint。

2. 从"开始"菜单启动，即：开始→程序→ Microsoft Office → Microsoft Office PowerPoint，即可启动 PowerPoint。

3. 通过打开已有的文档来启动 PowerPoint。

（二）PowerPoint 工作界面

启动 PowerPoint 之后会看到如下的界面。PowerPoint 工作界面中的菜单和对话框与 Word 和 Excel 都很相似，这让我们感到熟悉和亲切，主要由标题栏、菜单栏、工具栏、大纲区、任务窗格、幻灯片编辑区、备注区、视图切换工具栏、绘图工具栏和状态栏组成。

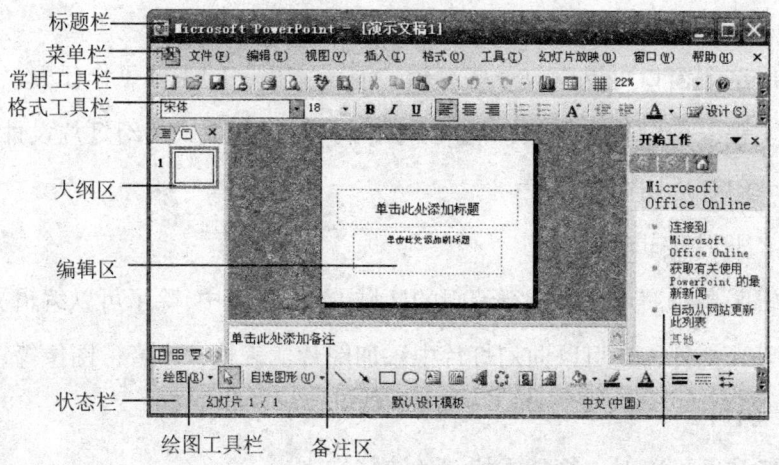

图1—21 PowerPoint工作界面

1. 标题栏

标题栏位于窗口的最上端，显示出软件的名称（Microsoft PowerPoint）和当前文档的名称（演示文稿 1）；在其右侧是常见的最小化、最大化（还原）和关闭按钮。

2. 菜单栏

标题栏的下面是菜单栏，菜单栏左侧共有 9 个菜单：文件、编辑、视图、插入、格式、工具、表格、窗口和帮助，包含了 PowerPoint 的全部命令，可以用来创建和编辑演示文稿，在创建过程中可以进行输入文字、插入图形、图片以及设置动画等全部操作。菜单栏右侧是"关闭"按钮，用来关闭当前正在编辑的演示文稿。

3. 工具栏

工具栏中的按钮一般是菜单中一些最常用的命令，使用这些按钮可快速地完成各种操作。PowerPoint 工具栏默认状态下也包括"常用"工具栏和"格式"工具栏。

4. 大纲区

通过单击"大纲"或"幻灯片"可以在大纲区域快速查看整个演示文稿中的任意一张幻灯片。

5. 任务窗格

利用这个窗口可以完成一些编辑"演示文稿"的主要工作任务，例如新建演示文稿、剪贴板、搜索、插入剪贴画、幻灯片版式、幻灯片设计、自定义动画、幻灯片切换等。

6. 幻灯片编辑区

编辑区是对演示文稿进行编辑的区域。在该区域中，除了可以编辑文本（文字、符号）之外，还可以向幻灯片中添加图片、表格、声音、图像等。

7. 备注区

在备注区可以对幻灯片添加"备注"文本。

8. 视图切换按钮

视图切换按钮如图 1-22 所示，单击各按钮可在各种视图间切换。

图1-22 视图切换按钮

9. 绘图工具栏

绘图工具栏中包含了绘制图形和编辑图形的命令，使用绘图工具栏可以绘制各种基本图形和插入自选图形、艺术字等。

图1-23 绘图工具栏

10. 状态栏

位于窗口的最低部，显示当前幻灯片的序号、演示文稿包括的幻灯片页数以及演示文稿所用模板信息等。

二、课件制作——少儿童话故事

PowerPoint 中可以加入文字、图形、图片、表格、声音、图像等各种信息，因此用它来制作教学课件游刃有余，我们通过制作课件"少儿童话故事"来展示一下 PowerPoint 在教学中的应用以及给教学带来的方便与高效。

1. 准备好课件所用素材，包括背景图片、背景音乐、少儿童话故事文本内容、图片等。

2. 新建演示文稿

启动 PowerPoint，当前演示文稿名称为"演示文稿 1"，单击保存按钮保存文件，并取名为"少儿童话故事"。

3. 制作封面

（1）在任务窗格中选择"幻灯片版式"，单击空白版式，为第一张幻灯片设置空白版式，单击"插入"菜单→"图片"→"来自文件"，找到封面图片

"少儿童话故事封面"，单击"插入"，返回编辑页面。如图1-24所示。

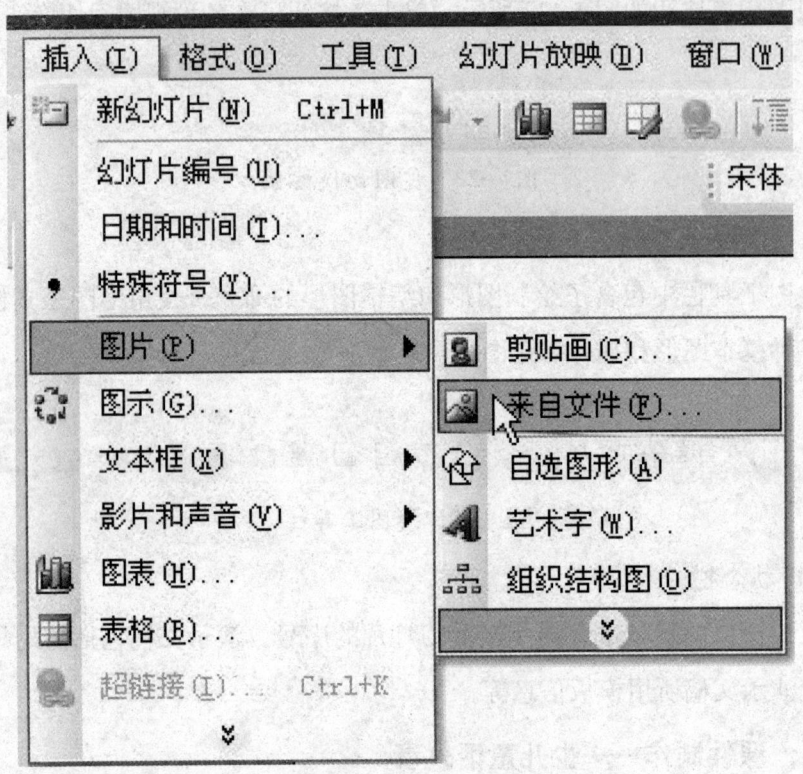

图1-24 插入图片

（2）调整图片大小，使其与幻灯片大小一致。

（3）单击绘图工具栏上的"竖排文本框"按钮，在编辑区拖出一个文本框，输入文字"单击进入"，颜色设为红色，字体为宋体，字号16。把该文本拖放到幻灯片右下角。

4. 设置背景音乐

（1）单击"插入"菜单中的"影片和声音"，选择"文件中的声音"，找到音乐文件"背景音乐"，单击"确定"按钮返回幻灯片编辑页面。

（2）将背景音乐插入到幻灯片中，出现提示对话框，如图1-25所示，单击"自动"按钮，在幻灯片放映时，背景音乐将自动播放，背景音乐以小喇叭形状 出现在页面里。

图1-25　插入声音提示对话框

（3）设置背景音乐持续循环播放

选中"小喇叭"图标，在"任务窗格"顶部单击"其他任务窗格"下拉列表框，选择"自定义动画"，在任务窗格中单击"背景音乐"后面的下拉列表框，选择"效果选项"，如图 1-26 所示，打开"播放"声音对话框，如图 1-27 所示，单击"效果"选项卡，在停止播放区域选择第三个，在其后输入"31"，即在 31 张幻灯片后停止播放；单击"计时"选项卡，在"重复"列表框中选择"直到幻灯片末尾"，这样就可实现背景音乐的持续循环播放，直到幻灯片结束放映。

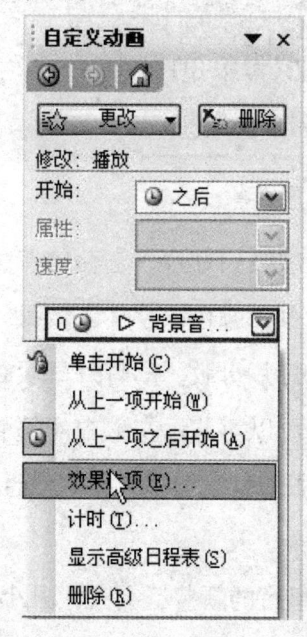

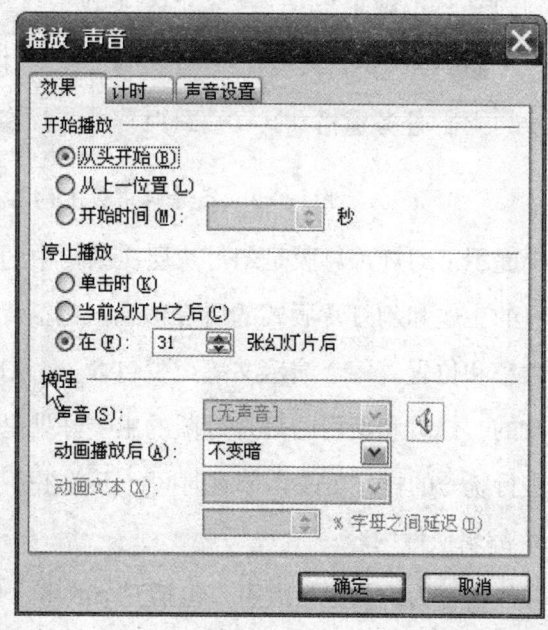

图1-26 设置背景音乐连续播放　　　图1-27　播放声音对话框

5. 整体背景的设置

(1) 单击"插入"→"新幻灯片"。在任务窗格中选择"空白版式"。

(2) 单击"视图"→"母版"→"幻灯片母版",如图 1-28 所示,进入母版视图编辑状态。

(3) 单击"插入"→"图片"→"来自文件",找到名为"背景图片"的图片,单击"插入"按钮,返回母版编辑状态,调整图片大小与幻灯片大小一致。单击幻灯片母版视图工具条中的"关闭母版视图"按钮,退出母版视图编辑状态,返回普通视图。这样课件的背景即设置完毕,这一图片将会成为每一张幻灯片的背景。

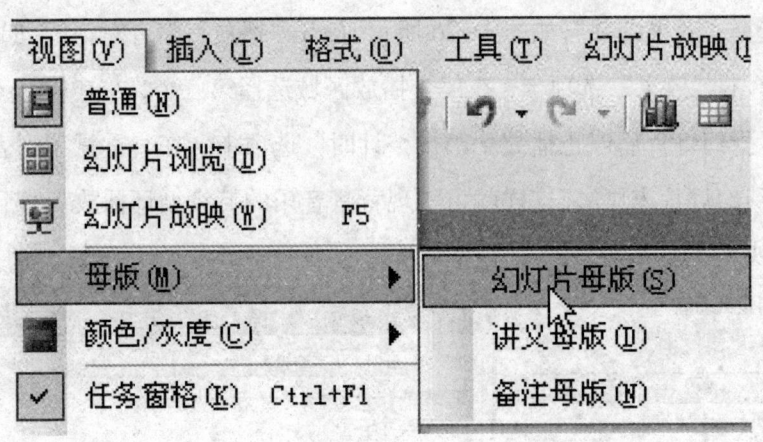

图1-28 在母版中设置幻灯片背景

小提示:幻灯片母版是幻灯片层次结构中的顶级幻灯片,它存储有关演示文稿的主题和幻灯片版式的所有信息,包括背景、颜色、字体、效果、占位符大小和位置。每个演示文稿至少包含一个幻灯片母版。幻灯片母版是可以更改的,修改和使用幻灯片母版的主要好处是可以对演示文稿中的每张幻灯片进行统一的样式更改,节省时间,不必在多张幻灯片上键入相同信息。

6. 编辑课件内容

课件内容为少儿童话故事,包括五个故事:皇帝的新装、雪人、丑小鸭、拇指姑娘、青蛙王子。故事内容为图片加上文字说明。

（1）在第二张幻灯片中插入图片"皇帝的新装1"，调整图片大小，如图1-29所示。在图片右边和下面分别插入文本框，在文本框中分别输入童话故事"皇帝的新装"第一段和第二段故事内容，字体设为宋体，字号为16，颜色为黑色。

（2）再插入3张新幻灯片，版式为空白版式，在3张幻灯片中分别插入图片"皇帝新装2"、"皇帝新装3"、"皇帝新装4"，再在图片的左边和下面分别插入文本框，输入"皇帝的新装"故事文本内容，文本字体、字号与颜色特征仿效第2张幻灯片。故事"皇帝的新装"共用4张幻灯片、4幅图片，4张幻灯片结构相似。"皇帝的新装"制作完成。

（3）仿效"皇帝的新装"，分别制作"雪人"、"丑小鸭"、"拇指姑娘"、"青蛙王子"的故事内容。五个童话故事共用31张幻灯片。

图1-29 设置幻灯片内容

7．制作超级链接

（1）单击"视图"→"母版"→"幻灯片母版"，再次进入幻灯片母版编辑状态，在幻灯片右部插入文本框，在文本框中输入如图1-30所示的文本内容，即建立目录。

小提示：文本"童话故事目录"两边的符号是通过插入特殊符号来实现的，具体步骤：单击"插入"菜单→"特殊符号"，打开"插入特殊符号"对话框，选择"特殊符号"选项卡，即可找到要插入的符号。

（2）建立超级链接：选择文本"皇帝的新装"，单击鼠标右键，在弹出的菜单中选择"超级链接"，或直接单击工具栏上的"插入超级链接"按钮，如图 1-31 所示，打开"插入超级链接"对话框。

（3）在"链接到"区域里选择第二项"本文档中位置（A）"，在请选择文档中的位置（C）区域，单击"幻灯片 2"，幻灯片 2 是童话故事"皇帝的新装"所在的第一张幻灯片，如图 1-32 所示，单击"确定"返回。文本"皇帝的新装"变为蓝色显示，超级链接设置成功。用同样的方法为文本"丑小鸭"、"雪人"、"拇指姑娘"、"青蛙王子"建立超级链接，分别链接到该童话故事所在的第一张幻灯片。设置完毕后，单击"关闭母版视图"按钮，返回普通视图编辑状态。

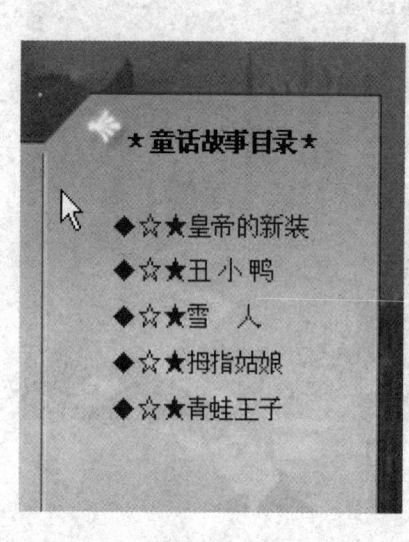

图1-30 输入目录

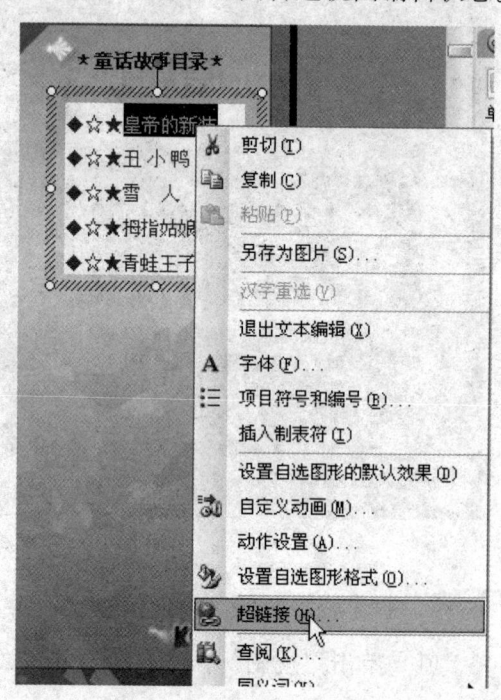

图1-31 建立超级链接

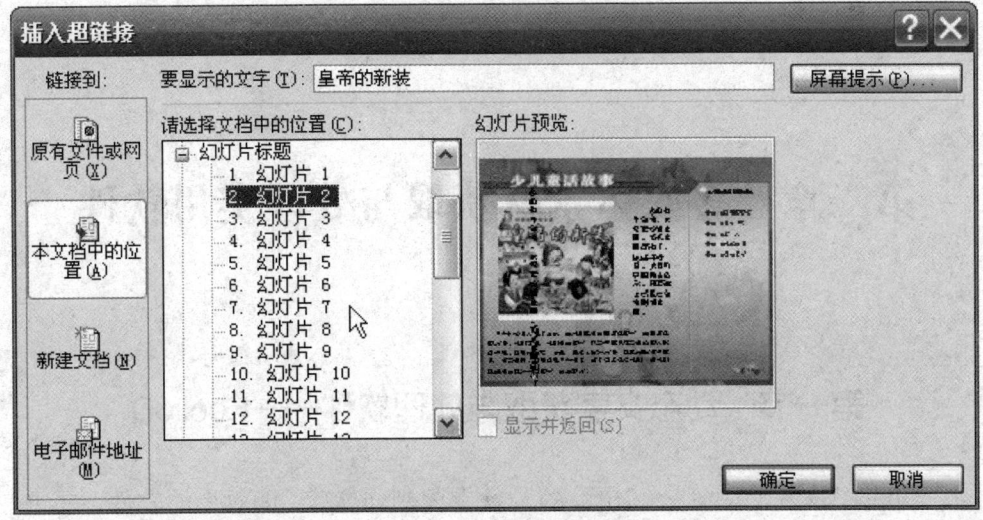

图1-32　插入超级链接对话框

（4）课件制作完毕，最终效果如图 1-33 所示。

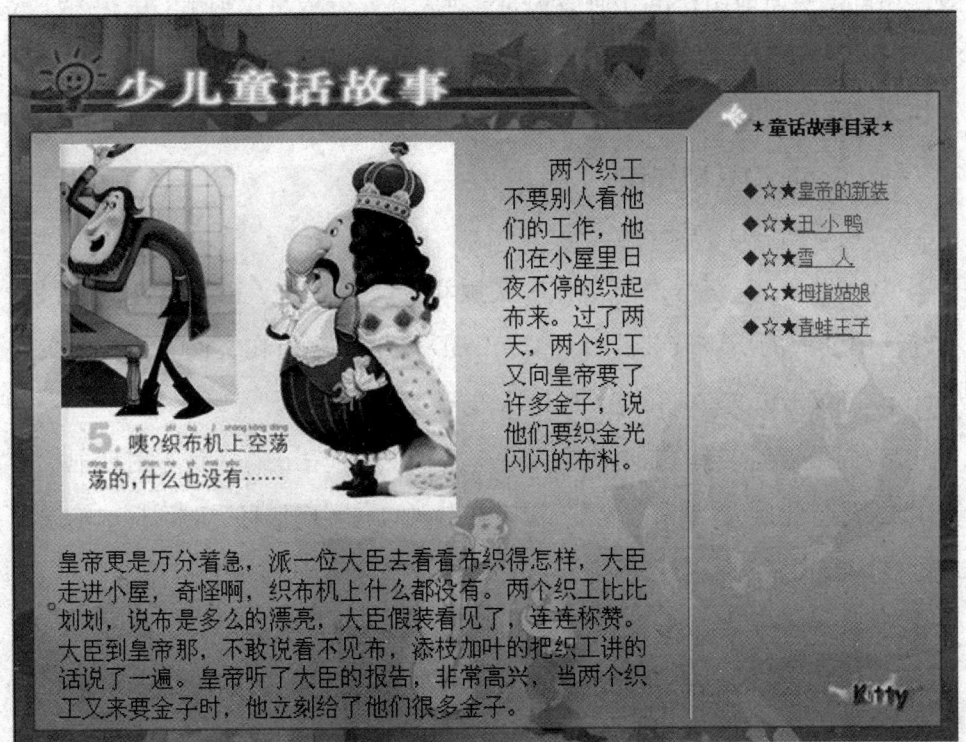

图1-33 课件最终效果图

第二章　多媒体素材获取与处理实用软件

第一节　动态文字获取与处理软件——Cool 3D

Cool 3D 是 Ulead 公司出品的一款专门制作文字 3D 效果的软件，主要用来制作各种文字的动态或静态特效。该软件简单易学，因此它特别适合满足一般教师制作教学动画的要求。它不仅可以快速简便地制作出各种文字特效，还可以快速地制作出几何形状等三维物体，一般可以输出 GIF、AVI 或 SWF 格式的动画，也可输出 GIF、BMP、JPEG、TGA 等静态图片，为教师制作教学课件提供了丰富的素材。

一、Cool 3D基础知识

（一）Cool 3D 的安装

1.Cool 3D 安装程序有简体中文版和英文版，为了操作方便，我们选择简体中文版的版本安装。打开 Cool 3D 安装程序所在文件夹，找到文件"Setup"，双击该文件，出现 Cool 3D 的安装向导界面。

2.按照安装向导的提示单击"下一步"按钮，在"许可证"对话框单击提示是否接受协议，单击"是"。在接着出现的"客户信息"对话框中输入用户姓名、公司名称和产品序列号信息，接着在安装过程中会选择安装目录、安装类型，程序开始安装并显示安装进度。如图 2-1 所示。

3.主程序安装结束会提示是否安装"外挂特效集"，如图 2-2 所示，单击"是"，接着安装外挂特效集，它是 Ulead 公司为简体中文正版用户特别赠送的外挂特效插件，它提供了云彩、烟花、镜头闪光、灯泡、火花和聚光灯等炫目的效果。

　　4. 安装之后出现的"安装完毕"对话框会提示是否需要重新启动，单击"完成"，即 Cool 3D 安装完毕。

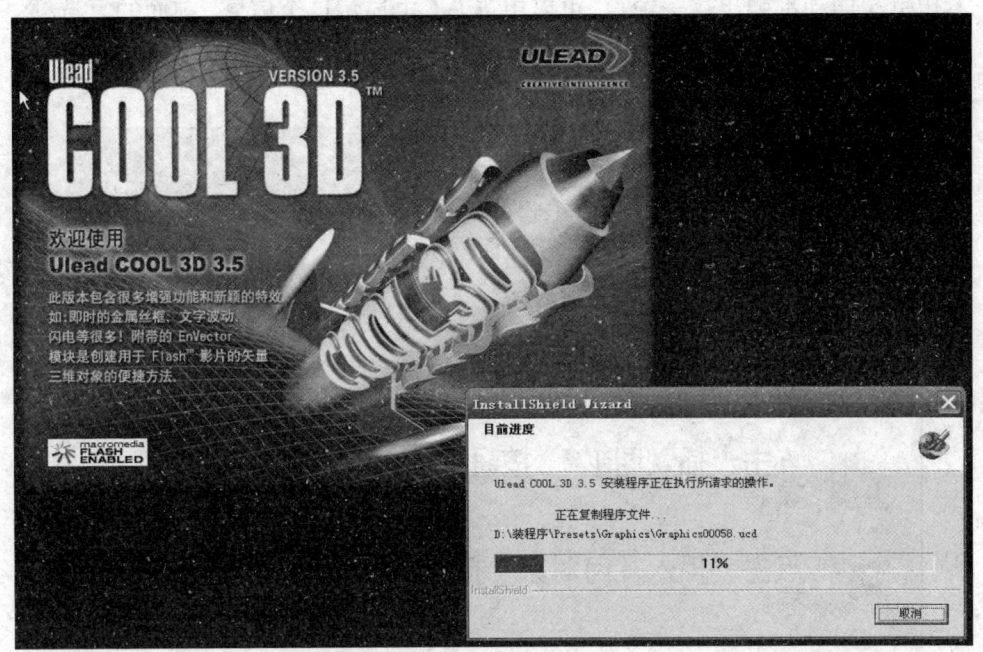

图2-1　安装显示进度界面

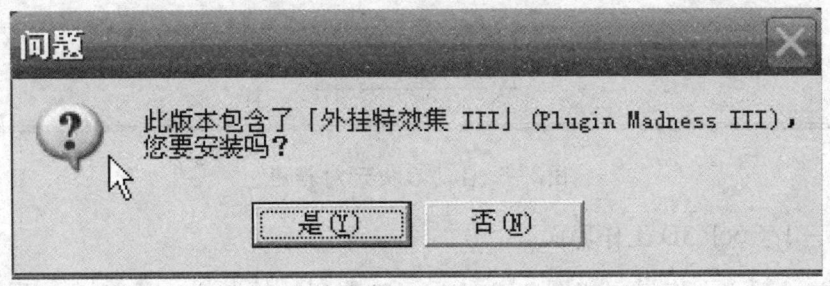

图2-2　是否安装外挂特效集提示

（二）Cool 3D 的启动

1. 通过快捷菜单启动，双击桌面上的快捷菜单即可启动 Cool 3D 应用程序。

2. 从"开始"菜单启动，即：开始→程序→ Cool 3D，即可启动 Cool

3D。

Cool 3D 启动之后,首先会出现如图 2-3 所示窗口,这个窗口是用来提示:这三个按钮 🔳 🔳 🔘 分别用来插入文本、插入图形、插入几何对象。若不想每次启动都弹出这一窗口,可以单击"不再显示这个信息"前面的复选框,该对话框以后就不会再出现。单击"确定"按钮进入 Cool 3D 工作界面。

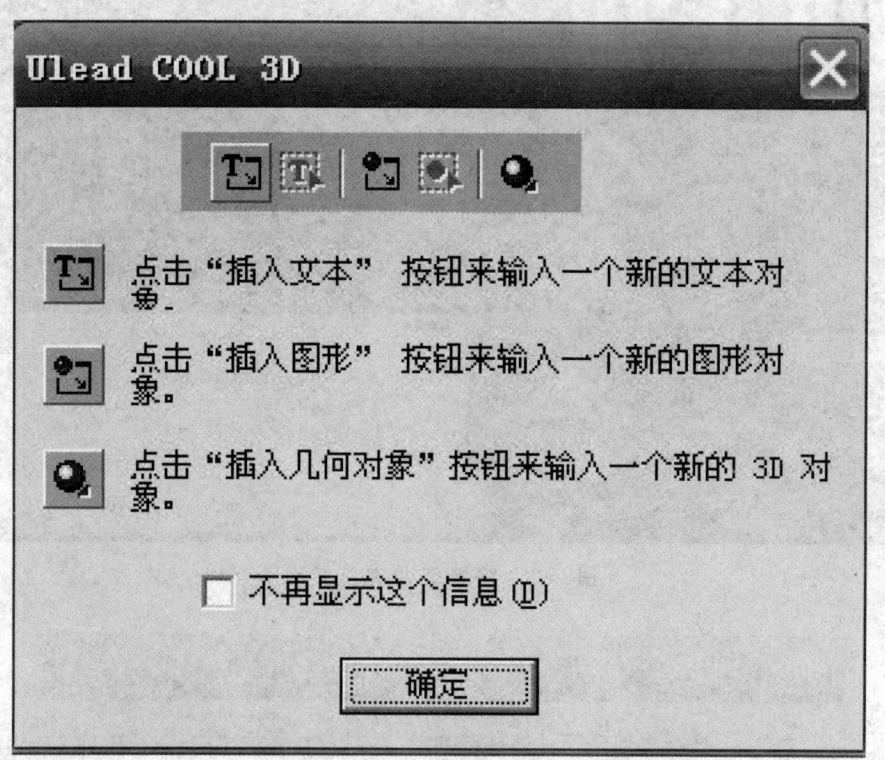

图2-3 启动后提示对话框

(三) Cool 3D 工作界面

Cool 3D 工作界面如图 2-4 所示,主要包括标题栏、菜单栏、工具栏、操作区、百宝箱、状态栏等。

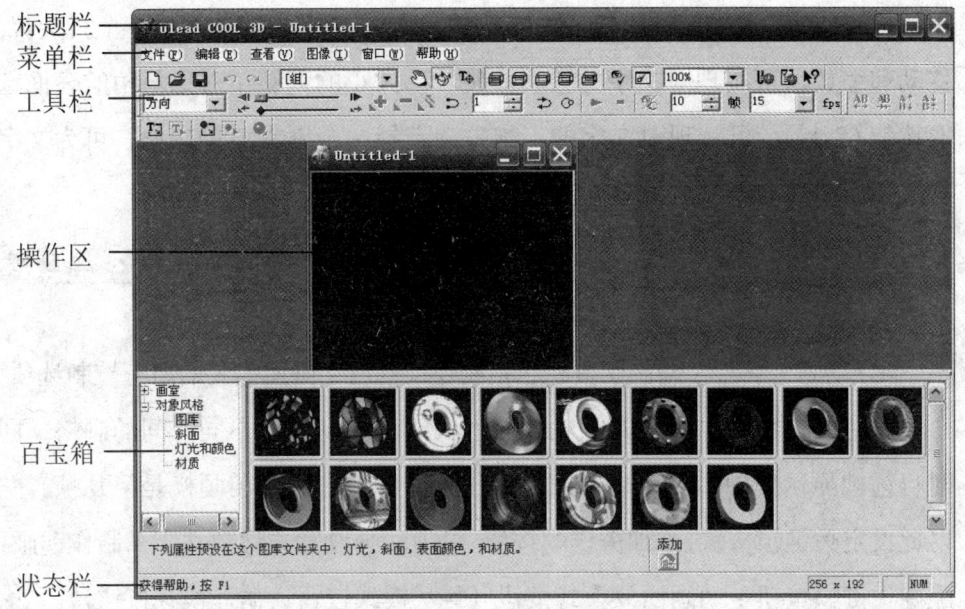

图2-4 Cool 3D工作界面

1. 标题栏：以蓝色背景显示的位于窗口的最上端的就是标题栏，左边显示的是软件名称"Ulead Cool 3D"及正在编辑的文件名称，默认为"Untitled-1"；右端为最小化、最大化（还原）、关闭程序三个按钮。

2. 菜单栏：Cool 3D 菜单栏共包含 6 个菜单：文件、编辑、查看、图像、窗口和帮助。这与 office 系列软件都很相似，不同的是查看菜单和图像菜单。查看菜单包含了所有工具栏的名称，单击选中则工具栏名称左边出现"√"，工作界面上会出现相应的工具栏；图像菜单则可以调整操作区尺寸，设置像素、输出品质、对象品质等参数。

3. 工具栏：使用 Cool 3D 创建动画的过程中大部分工作是通过工具条来完成的，所以 Cool 3D 的工具栏较为复杂和多样化，而且每个工具栏都可以单独移到任何位置，成为独立的窗口形式，只要将鼠标移到工具条的左端条凸出竖线上按住左键就能拖动该工具栏。Cool 3D 的工具栏共有 6 个，下面我们将详细介绍。

（1）标准工具栏：标准工具栏如图 2-5 所示，包含了经常使用的命令，包括打开、保存、撤销和重复等命令按钮;基本的动作控制按钮（3个）:旋转、移动和缩放，可实现对文字的移动、旋转、大小的调整;对象斜角的表面选取按钮(5个)，可实现对文字的三维方向选择;金属丝渲染按钮，可为文字对象表面增加金属丝渲染效果。

图2-5 标准工具栏

(2)动画工具栏:动画工具栏包括制作或修改动画所需的所有控制选项。

①时间轴控件:拖动时间轴控件上的滑块可以显示不同时间的画格，同时目前帧显示框中的数值也会随之变化，使我们知道当前画格是第几帧，并以此设定关键帧位置;添加关键帧按钮，可为动画设置关键帧动作来制作动画;删除关键帧按钮;动画回放模式按钮（乒乓模式按钮、循环模式按钮），无论是乒乓模式还是循环模式，都是循环不间断播放动画，只是播放的方式不同。循环播放时每次都从头开始播放，乒乓模式的循环播放是从上一次动画结束位置反方向播放。

②帧数目文本框:可设置动画的总帧数，即动画的长度。

③帧速率列表框:可设置每秒播放帧数，还包括回放控制按钮(播放、停止)等，如图2-6所示。

图2-6 动画工具栏

(3)位置工具栏:位置工具栏如图2-7所示,显示当前所选定对象的位置，即以X轴、Y轴及Z轴的数值形式显示。在编辑窗口中拖动对象时，工具栏上的数值也随之改变，也可通过改变坐标X、Y、Z的值，来微调当前选定对象的位置。

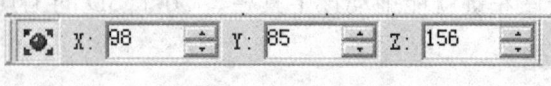

图2-7 位置工具栏

（4）文字工具栏：文字工具栏如图 2-8 所示，它用来调整字符间距、行间距以及对齐方式（左对齐、居中、右对齐）。

图2-8 文字工具栏

（5）对象工具栏：图 2-9 是对象工具栏，该工具栏主要用于插入和编辑文字、图形和基本的 3D 几何对象。

图2-9 对象工具栏

（6）几何工具栏：工具栏在没有插入几何对象之前没有参数显示，插入几何对象之后如图 2-10 所示，它主要是对几何对象的形状予以编辑，可以直接在文本框中输入数值，也可单击数值调节按钮。它还包含"选取表面"按钮，不同图形"选取表面"按钮个数不同。

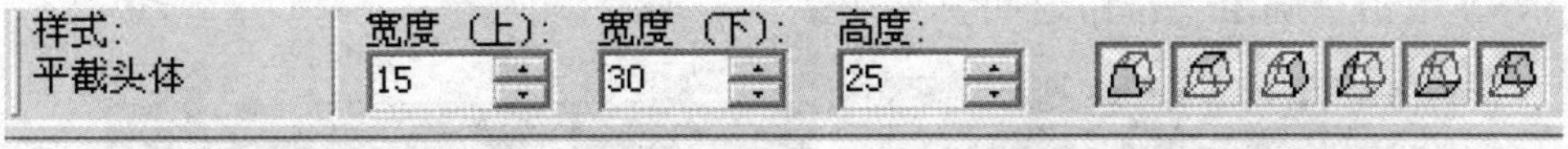

图2-10 几何工具栏

4. 百宝箱：百宝箱位于 Cool 3D 窗口的左下角，它提供了强大的特效功能，如图 2-11 所示，它包括"控制文件目录"、"略图面板"、"属性工具栏"。"控制文件目录"包括"工作室"、"对象样式"、"整体特效"、"对象特效"、"转场特效"、"照明特效"等文件夹，每个文件夹都包含了系统创建的各种效果样本和控制选项。只要单击文件夹下面的相应选项，例如"工作室"→"形状"，就会在"略图面板"显示所有的形状"略图"，在"属性工具栏"会出现其相应属性或提示。若要将某一"略图"显示的效果应用到当前正在编辑的对象上，则双击"略图"或将它拖动，直接拖到编辑对象上即可。

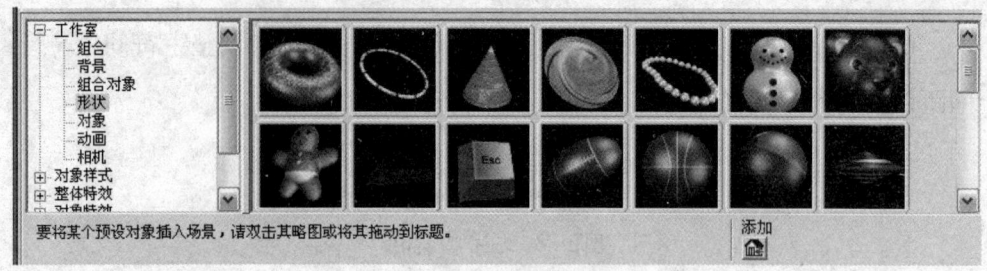

图2-11 百宝箱

5. 操作区：操作区就是 Cool 3D 界面中间的黑色背景的窗口，在这个窗口中可以创建、修改动画，动画效果的回放也在这个窗口中显示。Cool 3D 可以同时打开多个这样的文件窗口，同时编辑，方便快捷。

二、案例分析

（一）利用 Cool 3D 特效制作动态课件标题

1. 单击常用工具栏上的"新建"按钮，新建一个 Cool 3D 文件。

2. 设置画面尺寸：单击"图像"菜单→"尺寸"，打开"尺寸"对话框，如图 2-12 所示，单击"自定义"单选按钮，宽度设为 12，高度设为 4，单位"厘米"，单击"确定"按钮返回。

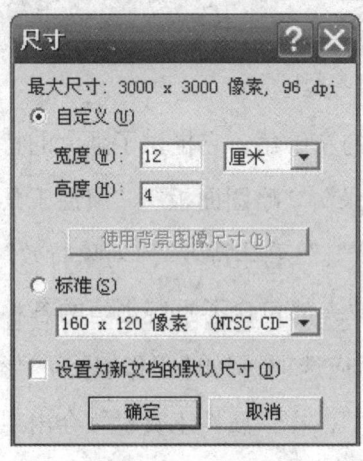

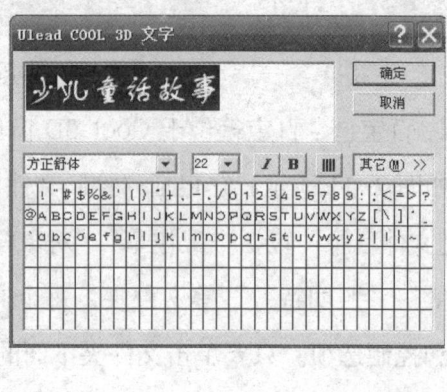

图2-12　尺寸对话框图　　　　　图2-13　Cool 3D 文字对话框

3. 输入文字：单击"插入文字"按钮，打开"文字"对话框，如图 2-13 所示，输入文字"少儿童话故事"，字体设为"方正舒体"，字号为 22。单击"确定"按钮返回。

4．设置背景：在"百宝箱"中单击"工作室"→"背景"，如图 2-14 所示，在"百宝箱"右侧显示出所有背景，选择第三排第 9 个背景，双击或拖到操作区，该背景即被应用到该文件。

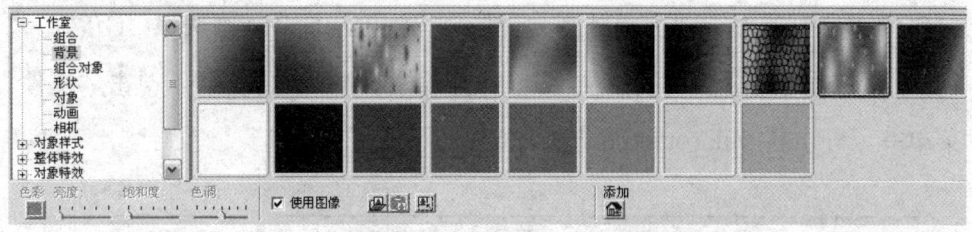

图2-14　设置背景

5．设置光线和色彩：在"百宝箱"中单击"对象样式"→"光线和色彩"，在右侧的略图中选择第一排第三个略图，双击或直接拖到操作区，效果如图 2-15 所示。

  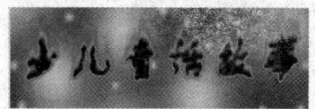

图2-15　背景光线效果图　　　图2-16　纹理效果图　　　图2-17　火焰效果图

6．设置纹理效果：在"百宝箱"中单击"对象样式"→"纹理"，在"百宝箱"右侧的纹理略图中选择第二排第四个略图，双击或直接拖到操作区，该纹理样式即被应用到文字中。效果如图 2-16 所示。

7．设置动画效果：在"百宝箱"中单击"整体效果"→"火焰"，在"百宝箱"右侧的略图中选择一种合适的火焰效果，双击或直接拖到文字上即可，效果如图 2-17 所示。

8．保存设置：动画设置完毕，单击"文件"菜单→"创建动画文件"→"GIF动画文件"，打开"另存为 GIF 动画文件"对话框，在文件名区域输入"少儿童话故事"，单击"透明背景"前面的复选框，使之前面的"√"消失，取消透明背景设置，单击"确定"按钮返回。

9．在"状态栏"显示正在保存的进度，等待片刻，文件保存完毕。

小提示：Cool 3D 输入文件可输出静态的图像，例如 GIF、BMP、JPEG、TGA 格式，也可输入动态的动画，例如 GIF、AVI、SWF 格式。(1) 输出静态图像的步骤如图 2-18 所示：单击"文件"菜单→"创建图像文件"，选择一种格式的文件保存，如图 2-20 所示。(2) 输出动态文件的步骤为：单击"文件"菜单→"创建动画文件"，若输出 GIF 动画则选择"GIF"，若输出 AIV 动画则选择"视频文件"。(3) 输出 SWF 文件步骤：单击"文件"菜单→"导出到 Macromedia Flash(SWF)"即可。

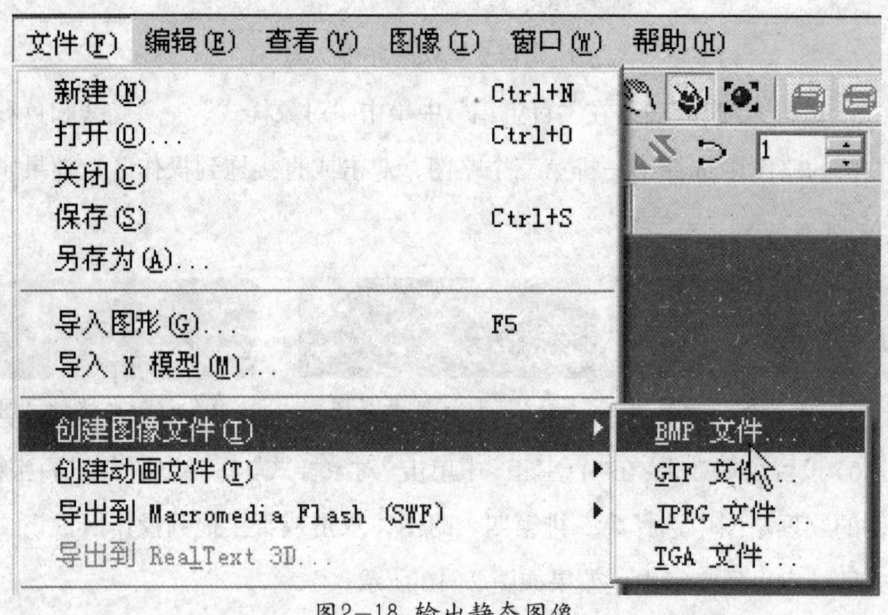

图2-18 输出静态图像

（二）利用 Cool 3D 动画工具栏制作课件动态结束语

　　一般在课件结束要设置结束语，例如：再见、谢谢等字样。本例中我们主要利用"动画工具栏"来制作"再见"的旋转动画。"再"字先旋转 360°，"见"字静止不动，接着"见"字旋转 360°，"再"字静止。

　　1.新建一个文件，取名为"结束语"，单击"图像"菜单→"尺寸"，打开"尺寸"对话框，单击"自定义"单选按钮，宽度设为 8，高度设为 4，单位"厘米"，单击"确定"按钮返回。

2．单击"插入文字"按钮，打开"Cool 3D文字"对话框，输入文字"再"，字体为华文行楷，字号40并加粗，单击"确定"按钮返回。

3．在"百宝箱"中单击"对象样式"→"画廊"，在右侧略图中选择第二排第一个略图并双击。设置完后效果如图2-19所示。

图2-19　画廊效果图　　　　图2-20　再见效果图　　　图2-24　最终动画效果

4．再次单击"插入文字"按钮，插入文字"见"，字体为华文行楷，字号40并加粗，单击"确定"按钮返回。"见"字其他特效设置系统默认与"再"字相同。效果如图2-20所示。

5．为"再"字制作旋转动画效果。在"帧数目"文本框中输入"20"，设置动画总长度为20帧。在"选取对象列表框"中选择"再"，如图2-21所示，即选择了"再"字作为编辑对象。在"当前帧文本框中输入"10"，并按回车键，这时的动画工具栏如图2-22所示。单击"添加关键帧"按钮，添加第10帧为关键帧。单击"旋转对象"按钮，在"位置"工具栏中设置Y值为360。如图2-23所示。

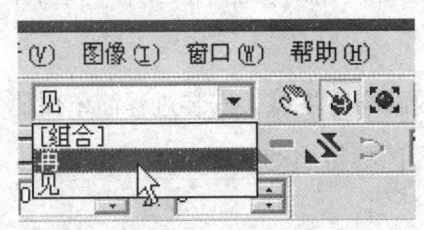

图2-21　选取对象列表框　　　　　图2-23　位置工具栏中的参数设置

图2-22　制作"再"字动画工具栏中的参数设置

小提示：选取对象有两种方式：第一种是单击工具栏上的"移动"按钮，鼠标变成手型，双击被选取的对象；第二种是在"选取对象列表框"中单击被选取的对象名称即可。

6．为"见"字制作旋转动画效果。在"选取对象列表框"中选择"见"，当前关键帧设为 10，单击"插入关键帧"按钮；再把当前关键帧设为 20，再次单击"插入关键帧"按钮。单击"旋转对象"按钮，在"位置"工具栏中设置 Y 值为 360。单击"播放"按钮，动画效果如图 2-24 所示。

7．保存设置：单击"文件"菜单→"创建动画文件"→"GIF 动画文件"，打开"另存为 GIF 动画文件"对话框，在文件名区域输入"结束语"，单击"确定"按钮返回，动画制作完毕。

第二节　音频处理软件——Adobe Audition

作为一个教育工作者，你是否遇到过这样的事情：不知道该怎样为课件录制解说；对课件中背景音乐的处理感到迷惑。Adobe Audition 也许能成为你解决这些问题、成为你工作中的好助手。

Adobe Audition 是从 Cool Edit Pro 发展而来的，是 Syntrillium Software 公司的一款专业的音频处理软件。该软件功能强大，提供了高级混音、编辑、控制和特效处理等功能。不仅为专业的音频工作人员提供了良好的工作平台，作为教育工作者也可用它冰上之一角的功能解决工作中遇到的音频处理问题。

Adobe Audition 的安装软件在各大网站均可下载，安装过程简单快捷。安装后会在桌面自动生成快捷图标，双击该图标可启动 Adobe Audition。

一、Adobe Audition界面介绍

Adobe Audition 有两种工作模式：单轨模式与多轨模式。单轨模式，即编辑模式只能对一个音频文件进行操作。多轨模式由多个音轨组成，在该模式下可进行混音操作，可对一个或多个音频切片进行操作。单轨模式与多轨模式的切换可以单击界面左上角的编辑按钮或多轨按钮。

单轨模式与多轨模式下的菜单栏和工具栏有所不同，其他部分相同。Adobe Audition 启动后的默认为多轨界面，如图 2-25 所示，其界面主要包括标题栏、菜单栏、工具栏、状态栏及多种面板，包括文件面板、传送器、时间、缩放、选择／查看、会话属性面板、电平面板等，多轨界面还会有音轨面板。

（一）标题栏：和所有其他软件一样，标题栏左端显示了软件名称 Adobe Audition，右端显示了三个按钮：最小化、还原（最大化）、关闭程序按钮。

图2-25 Adobe Audition多轨模式界面

（二）菜单栏

Adobe Audition 在多轨模式下的菜单包括文件、编辑、剪辑、视图、插入、效果、选项、窗口、帮助等，如图 2-26 所示。在单轨模式下，菜单有所不同，主要包括：编辑、视图、效果、生成、收藏、选项、窗口、帮助等菜单，如图 2-27 所示。

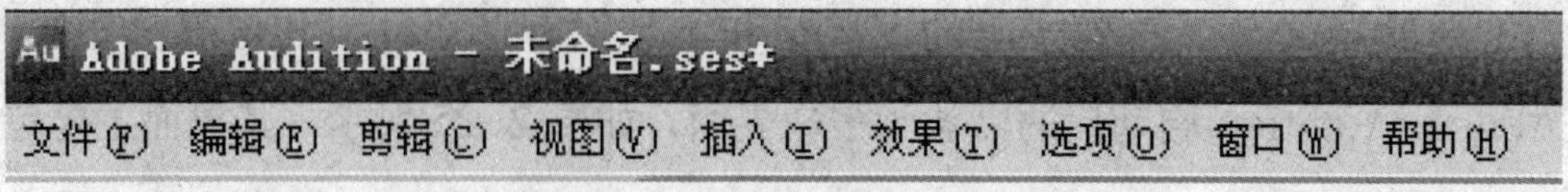
Adobe Audition - 未命名.ses*
文件(F) 编辑(E) 剪辑(C) 视图(V) 插入(I) 效果(T) 选项(O) 窗口(W) 帮助(H)
图2-26 多轨模式下菜单

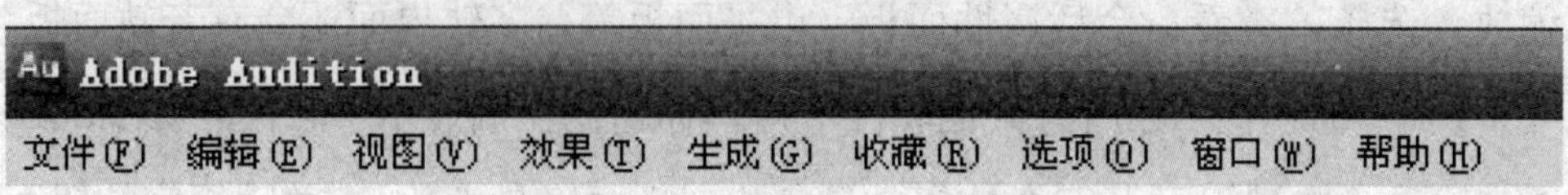
Adobe Audition
文件(F) 编辑(E) 视图(V) 效果(T) 生成(G) 收藏(R) 选项(O) 窗口(W) 帮助(H)
图2-27 单轨模式下菜单

（三）工具栏

在多轨模式与单轨模式状态下，Adobe Audition的工具栏也不同，图2-28是单轨模式下工具栏，图2-29是多轨模式下工具栏。若工具栏没有开启，无论是在多轨模式还是单轨模式下都可单击“视图——快捷栏——显示”，即可开启工具栏。

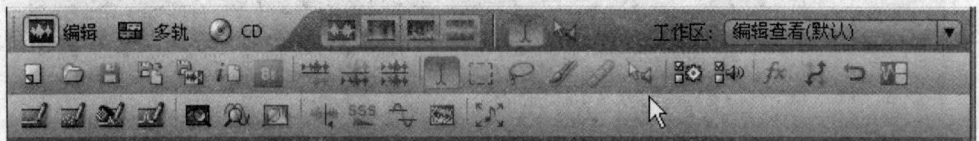

编辑
多轨
CD
工作区:
编辑查看(默认)
图2-28 单轨模式下工具栏

编辑
多轨
CD
工作区:
多轨查看(默认)
图2-29 多轨模式下工具栏

（四）工作区

工作区是对音频文件进行操作的区域，这里音频文件以波形存在，如图2-30所示。在这里我们可以对波纹切片进行选择、剪切、复制、分割等基本操作。

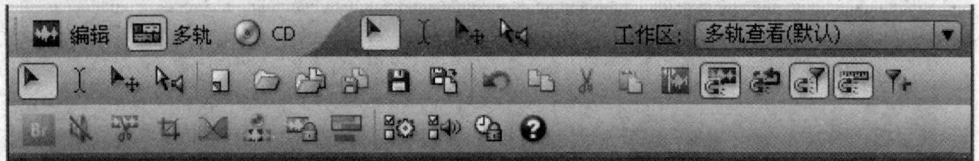

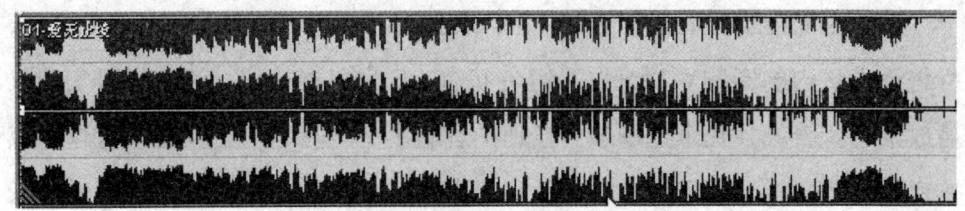

图2-30 操作区内的波形文件

（五）多种面板

1. 文件面板

文件面板如图2-31所示，在文件面板中可实现对文件的一些基本操作(导入文件、关闭文件、进入编辑或多轨编辑状态等)。

2. 音轨面板

音轨面板如图 2-32 所示，Adobe Audition 通过音轨面板可实现同时编辑多个音频文件，使编辑工作更为方便快捷。在音轨面板中可以调节音量，单击音量按钮，鼠标变成一手型，上下或左右拖动可改变音量大小，也可单击音量按钮后面的数字，直接输入要改变的音量即可。改变一个音轨的音量不会影响到其他音轨。

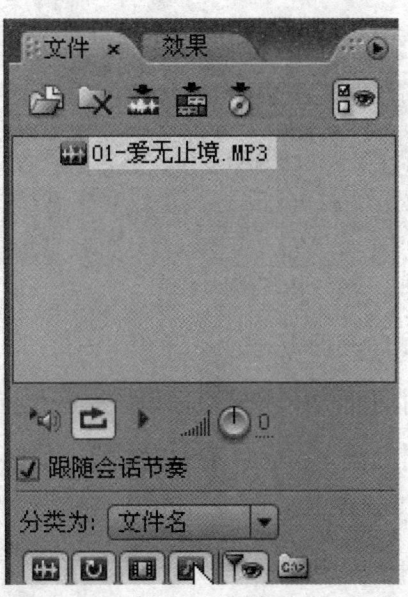

图2-31 文件面板　　　　　图2-32 音轨面板

另外在音轨面板上还有三个按钮，分别标识为 M、S、R。M 为静音按钮，可将该音轨内的音频切片设置为静音状态；S 为独奏按钮，该按钮可实现仅播放某个音轨或某几个选中独奏按钮的音轨上的声音，对于其他没有选中该按钮的音轨则处于静音状态；M 为录音备用按钮，单击后可设置该轨道为录音轨道。

3.传送器面板

传送器面板即播放面板，如图 2-33 所示，10 个按钮可实现 10 种播放功能：停止、播放、暂停、从指针处播放至查看结尾、循环、转到开始或上一个标记、倒回、快进、转到结尾或下一个标记、录音 10 个功能。

录音按钮可实现录音功能，在音轨面板设置录音轨道，将录制好的音频放置到该轨道内。循环播放不仅可以实现从开始位置播放到结尾后从头再开始播放的循环模式，还可以在选区内循环播放。转到开始或上一个标记按钮，如没有标记则转到开始位置，如有标记则转到上一个标记处。添加标记时首先将标识线移到要添加的位置，单击工具栏上的"将当前选区添加到标记列表"按钮，来添加标记，此时在音轨上方出现一个红色的三角符号，右击后在快捷菜单中选择"删除"即可删除标记。

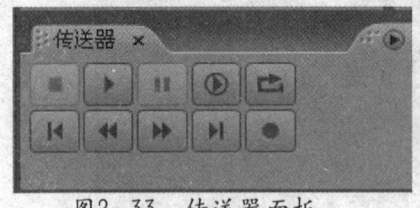
图2-33　传送器面板

图2-34　时间面板
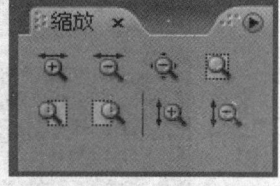
图2-35　缩放面板

4.时间面板

时间面板用来显示标识线所在位置的时间，还可以改变标识线位置面板上的时间数字，而且精确度很高，如图 2-34 所示。

5.缩放面板

缩放面板如图 2-35 所示，可对音频切片进行水平或垂直方向的放大或缩小，这仅仅是视觉上的音频切片发生了变化，不会影响音频文件本身。音频切片放大后时间轴变得很精确，操作起来更加方便精确。

6．选择／查看面板

通过选择／查看面板可以清楚地看到选择或者是查看时间上的关系，例如：改变标识线位置，选择开始的数字发生变化，绘制选区时能显示时间长度、起始时间、结束时间，如图2-36所示。

图2-36　选择/查看面板

7．电平面板

电平表显示输入或输出音量的变化，如图2-37所示。范围在负无穷和0之间，适合的音量为-12到0区间。声音太大会出现充红现象，就是电平面板右端的两个黑色方框会变红，充红偶尔出现属于正常现象，但一直出现则表示音量太大了，改变播放音量即可解决该问题。

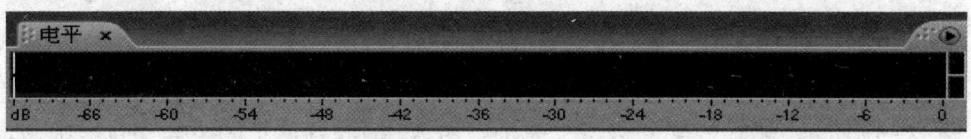

图2-37　电平面板

（六）状态栏

状态栏位于窗口的最底部，用于显示应用程序当前执行的状态和音频文件的属性，如图2-38所示。

图2-38　状态栏

（七）基本操作

1．导入音频文件

Adobe Audition 导入文件的方法常用的有三种：（1）可以单击文件面板上的导入按钮，打开导入对话框，找到要导入的音频文件，按 CTRL 键多选，单击"打开"即可。（2）双击文件面板也可打开导入对话框，实现导入音频文件的功能。（3）单击"文件——导入"，打开导入对话框，导入所需要的文件。

2. 导出文件

在多轨模式下，Adobe Audition 导出文件功能由文件菜单中的导出命令实现。单击"文件——导出——混缩音频（视频）"，可导出编辑好的音频（视频）文件。Adobe Audition 可对视频文件中的声音进行编辑，它支持的视频格式有 AVI、MP4、WMV 三种。

在单轨模式下，文件的输出选择"文件——另存为"命令，可对编辑的文件保存。

3. 选择、复制、剪切、删除、分割音频文件

（1）选择：导入一个音频文件，在音频切片上单击选择的起始位置，然后拖动鼠标至结束位置，我们就选好了一个区域。

（2）对选择好的区域，右击鼠标，在弹出的快捷菜单中选择剪切、复制、删除、波纹删除等命令，即可实现对所选区域的相关操作。

小提示：删除与波纹删除的区别：将所选区域删除后，音频切片效果如图 2-39 所示，删除的部分会留下一个空白区，播放到这里的时候声音会中断；将所选区域波纹删除后不会留空白区，后面的波纹会自动填补过来，播放时不会出现中断。

（3）分割音频文件：在多轨模式状态下，单击缩放面板中的水平放大按钮，将波纹放大，以便更精确地选择分割位置。在要分割的位置单击，标识线会移动到该位置，单击工具栏中的"在指针处分割剪辑"，则该文件被分割为两部分。用工具栏中的移动、复制、剪辑工具将被分割的部分拖到任何位置或其他音轨。

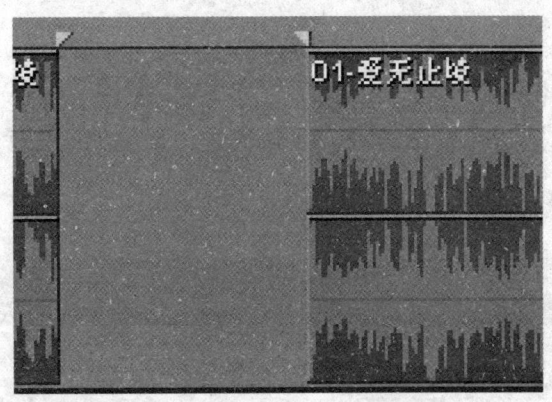

图2—39　删除后波纹留下的空白

（4）复制到新文件：在单轨模式下，选择需要的波纹部分，右击，在弹出的快捷菜单中选择"复制到新文件"，则该波纹部分被作为一个新的文件出现在工作区，在文件区出现了该新文件的名称。作为一个新的文件我们可以将它保存，单击"文件——另存为"，弹出"另存为"对话框，将该文件保存，以后可随时使用。

4. 保存会话

在多轨编辑状态下，当混音制作没有结束时，没有输出我们想要的文件时，如要中断编辑，可选择保存会话，再次打开会话可回到最后的编辑状态。单击"文件——保存会话"，打开保存会话对话框，输入会话名称，单击保存即可，会话的扩展名为"SES"。

二、案例分析

（一）课件解说词的录制及背景音乐的编辑

1. 连接好外部设备——麦克风和音箱，打开电源开关，确保都处于正常使用状态。

2. 下载并安装 ASIO 声卡驱动程序，ASIO 是音频通道，安装后可用于录音，延时小（音频传输是需要若干毫秒的时间的，对于精确录音和声音混音合成很是敏感）。安装后需重新启动计算机。

小提示：ASIO 声卡驱动程序可在各大下载网站免费下载，而且安装方便快捷。

3. 启动 Adobe Audition，单击"编辑——音频硬件设置"，弹出"音频硬件设置"对话框，在编辑查看、多轨查看、环绕编码三个选项卡的音频设备处都选择 ASIO。如图 2-40 所示。

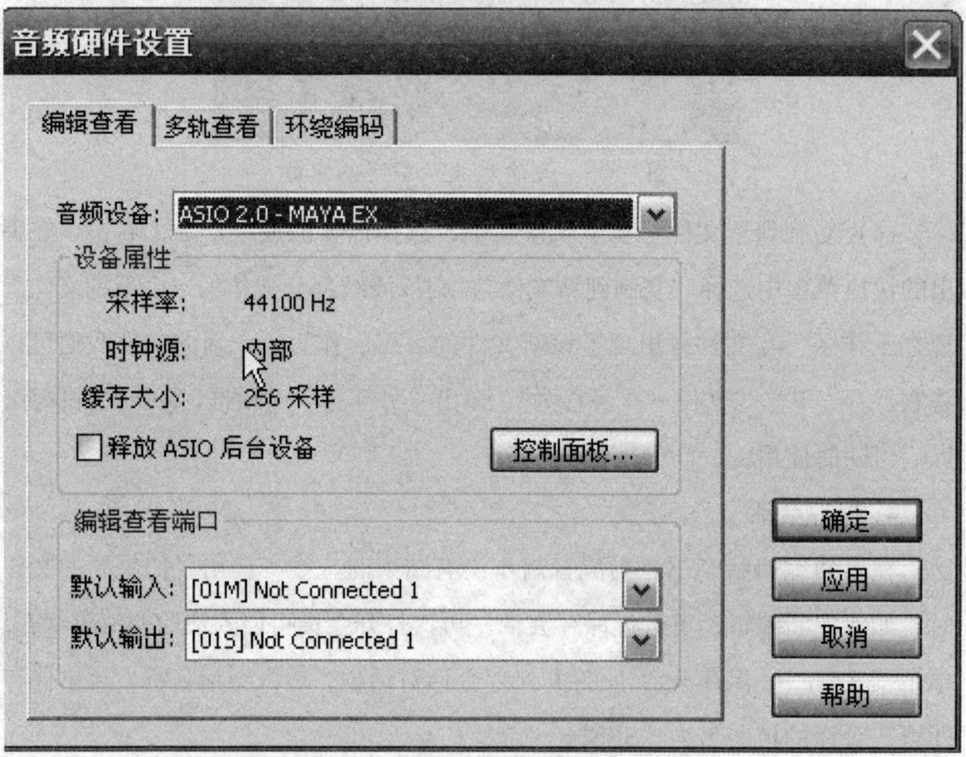

音频硬件设置

| 编辑查看 | 多轨查看 | 环绕编码 |

音频设备： ASIO 2.0 - MAYA EX

设备属性
采样率： 44100 Hz
时钟源： 内部
缓存大小： 256 采样
☐ 释放 ASIO 后台设备   控制面板...

编辑查看端口

默认输入： [01M] Not Connected 1
默认输出： [01S] Not Connected 1

确定
应用
取消
帮助

图2-40 音频硬件设置对话框

4. 默认为单轨模式编辑状态，单击菜单"选项——Windows 录音控制台"，如图 2-41 所示，选择"麦克风"，Adobe Audition 记录来自麦克风的声音，调整音量到较大的位置。

5. 在要开始录音的位置单击，标识线移到该位置，即从该位置开始录音。

6. 准备好解说词，单击传送器面板上的录音按钮，开始录音。这时工作区出现波纹切片，并显示录音的进程。单击"录音"按钮或空格键均可停止录音。

小提示：录音开始后最好先录制一段噪音，然后再开始诵读解说词，以

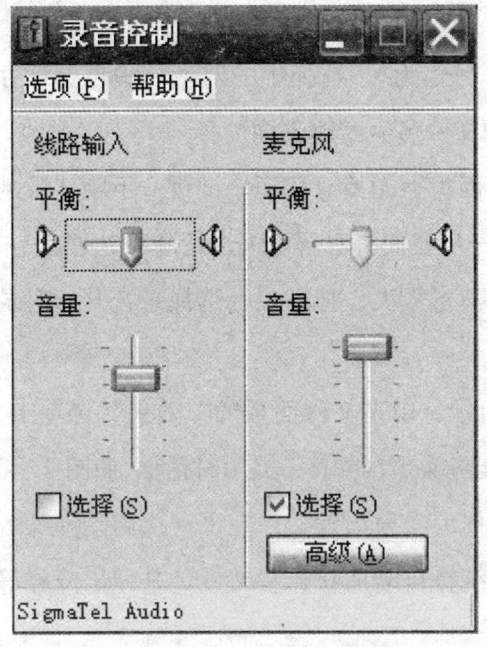

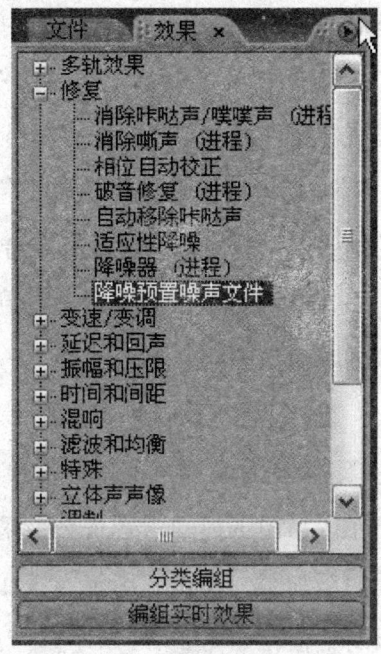

图2—41 录音控制对话框　　　　图2—42 设置预置噪声文件

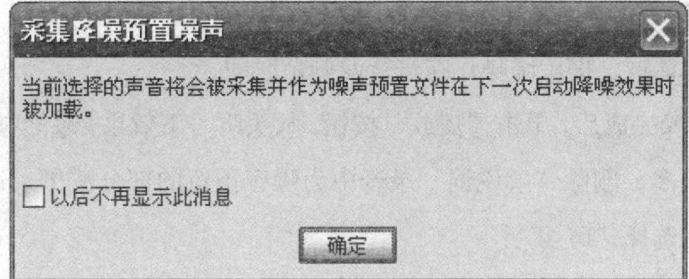

图2—43 采集降噪预置噪声提示

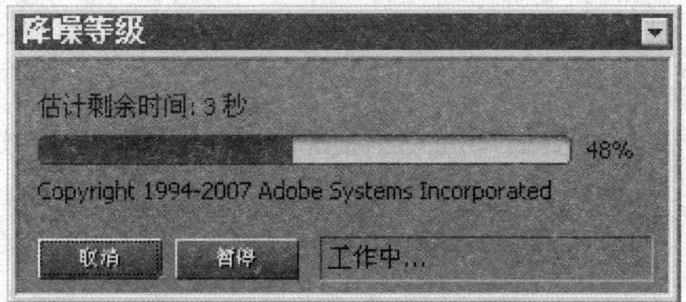

图2—44 降噪等级对话框

备后面对解说词进行降噪时作为噪音文件。

7. 保存解说词，单击"文件——另存为"，在弹出的对话框中设置保存位置和文件名，单击"保存"。这里的文件名为"解说词"。

8. 解说词保存好后，单击传送器面板上的播放按钮，试听一下刚才录制的声音，发现声音干涩，有杂音，下一步我们将对解说词进行降噪处理。

9. 单击缩放面板的放大按钮，将波形放大。拖动鼠标选择录音开始时录制的噪音区域部分。

10. 设置噪声文件，如图2-42所示，单击文件面板的"效果"选项卡，选择"降噪预置噪声文件"，弹出"采集降噪预置噪声"提示对话框，如图2-43所示。当前选择的声音将会被采集并作为噪声预置文件在下一次启动降噪效果时被加载。单击"确定"按钮，系统将自动捕获噪音特性，并弹出降噪等级对话框，如图2-44所示。

11. 单击菜单"编辑——选择整个波形"，单击文件上的"效果"选项卡，选择"降噪器"，弹出降噪器对话框，保持默认选项，单击"确定"，弹出"降噪等级"对话框，提示降噪正在进行及剩余时间。

12. 降噪完成后，单击"播放"按钮，从头听一下效果，果然噪音消失了，声音圆润很多。删除"解说词"录音中为噪音预留的部分波形：选中该部分波纹右击，选择"剪切"。

13. 编辑背景音乐：导入背景音乐义件"春江花月夜"。解说词的长度是5分38秒，背景音乐文件"春江花月夜"长度是9分20秒,因此我们要对"春江花月夜"进行剪裁。剪裁时预留出淡入和淡出的长度10秒，所以背景音乐的时间为5分48秒。

14. 单击"缩放面板"中的放大按钮，将波形放大，找到5分48秒的位置，如图2-45所示，向前拖动选中所有波形，右击，在快捷菜单中选择"复制到新的"，在文件面板中出现一个新的文件"春江花月夜2"，这就是我们要的背景音乐文件。

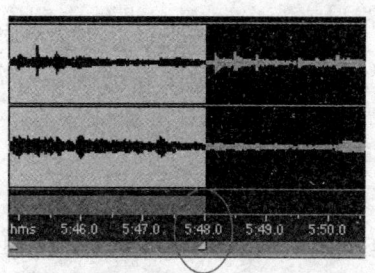

图2-45　5分48秒的位置

15. 为背景音乐设置淡入淡出效果：双击"春江花月夜2"，单轨模式下对该文件进行编辑。选中"春江花月夜2"前5秒的波形，单击文件面板"效果选项卡"，选择"振幅和压限——包络"。

16. 弹出"包络"对话框，在预设中选择"Smooth Fade In"，如图2-46所示，单击"确定"，淡入效果设置完毕。按同样方法，为结尾5秒设置淡出效果，在预设里选择"Smooth Fade Out"（淡出效果）。

17. 将解说词与背景音乐混缩：单击"多轨"按钮，进入多轨编辑模式，将文件面板中解说词拖入音轨1，将"春江花月夜2"拖入音轨2，并用复制／移动按钮将两文件移至时间的0点位置。

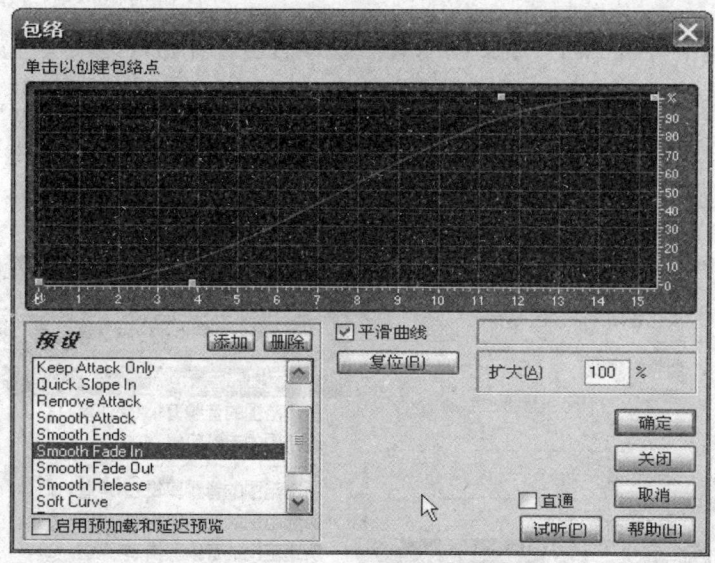

图2-46　包络对话框

18.调整解说词与背景音乐的音量：课件中解说词的音量要大些，而背景音乐的音量要小些，所以在混缩前要分别调整好各自的音量。如图2-47所示，在音轨区分别将"解说词"和"春江花月夜2"的音量设为10和-3。

19.利用"移动——复制"工具将"解说词"波纹向后拖动5秒，也可在选择／查看面板选择的位置按如图2-48所示输入，可精确定位标识线的位置。

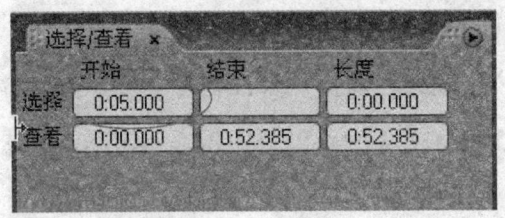

图2-47　调整音量

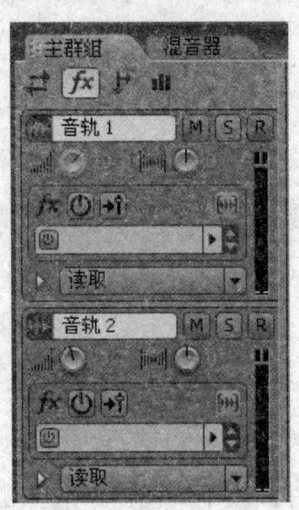

图2-48　选择／查看
面板精确输入时间位置

20.选中音轨1和音轨2的所有波纹，右击，弹出快捷菜单，如图2-49所示，选择"合并到新音轨——所选范围的音频剪辑（立体声）（A）"。则对音轨1和音轨2的音频文件进行混缩，弹出混缩对话框，提示混缩的进度及剩余时间。

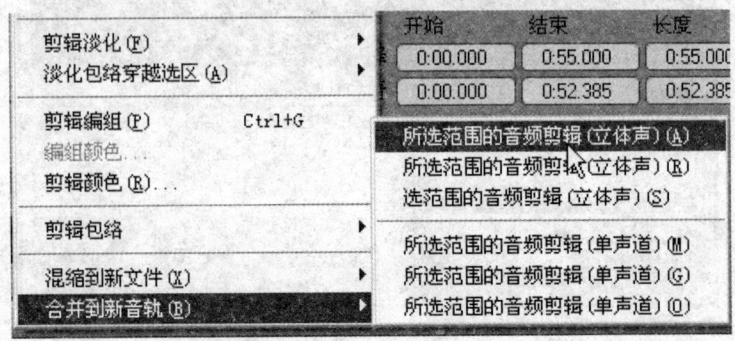

图2-49　合并到新音轨

21．在音轨3出现了新的波纹文件，在文件面板出现了新的文件名称为"混缩"。单击音轨3独奏按钮"S"，再单击传送器面板的播放按钮看视听最终效果。

22．单击"单轨"按钮，进入单轨模式，在文件面板选中文件名为"混缩"的音频文件，单击"菜单——另存为"，在弹出的另存为对话框中输入文件名"解说词与背景音乐"，选择合适位置，单击"保存"。

（二）为视频文件配音

Adobe Audition 可对视频文件中的声音进行编辑，它支持的视频格式有 AVI、MP4、WMV 三种。

1．启动 Adobe Audition，进入多轨模式，双击文件面板，导入视频文件"光学实验 .avi"，它是 AVI 格式文件。打开后文件面板出现两个文件，如图2-50所示，一个是"光学实验"（视频），一个是"音频为光学实验"（音频）。

2．拖动"光学实验 .avi"至工作区，视频文件的画面会出现在轨道上，音轨区出现"视频"新的轨道名称，如图2-51所示，同时弹出视频窗口用来播放视频。

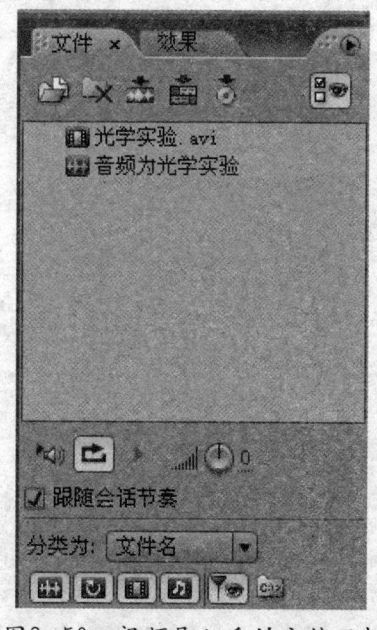

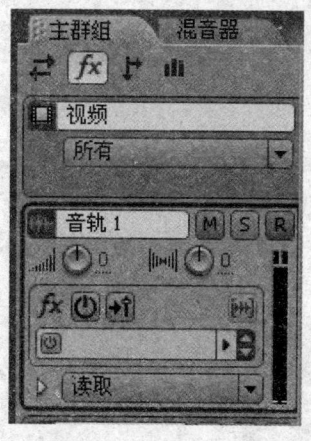

图2-50　视频导入后的文件面板　　图2-51　音轨区出现的视频轨道

3. 单击移动／复制工具,将视频图像拖至时间的 0 点处。单击音轨 1 中的按钮 R,设置音轨 1 为录音轨道。同时会弹出保存会话的对话框,选择合适保存位置和文件名,单击"保存"按钮。

4. 用与上例中同样的录音设置为视频文件录制配音,并对录音的效果进行修饰。这里不再累述。

5. 将上一步中编辑好的配音与视频文件一起输出,单击"文件——导出——视频",弹出"Export Setting"对话框,如图 2-52 所示。同时应注意:使用这个选项导出的视频文件中将会用您编辑的音频替换掉文件中的音频,但原始视频不会被重新编码。单击"OK"后弹出"导出视频"对话框,选择保存地址和文件名后,单击"保存"。

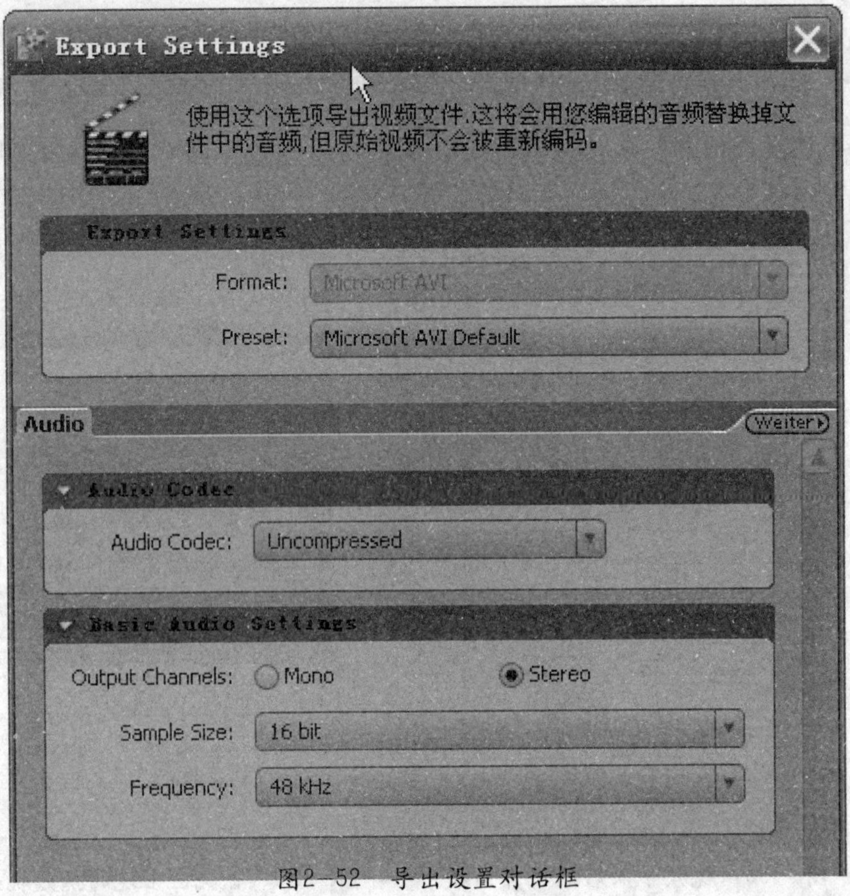

图2-52 导出设置对话框

第三节　图片处理软件——Picasa

　　Picasa 是一个图片处理和管理软件，是 Google 公司的产品，它简单好用、功能强大，很适合教师在平时教学工作中用来处理和管理图片。

　　Picasa 是一款完全免费的软件，其安装程序在各大下载网站均可下载，安装简单方便，我们将不再详细叙述。这里我们将介绍 Picasa 的界面构成，并用实际案例解读 Picasa 的强大功能。

一、Picasa界面构成

（一）初始图片扫描对话框

　　双击桌面上的 Picasa 快捷图标启动 Picasa，第一次打开 Picasa 会显示初始图片扫描对话框，提示扫描你计算机上的图片文件，两个提示可选其一：全面扫描计算机查找图片；仅扫描"我的文档"、"图片收藏"和"桌面"。若想通过 Picasa 软件查看、整理计算机中的所有图片可以选择第一项，若不想把计算机中的所有图片都显示出来，则可选择第二项，对于整理好的图片 Picasa 会按时间顺序将其放到图片库里。

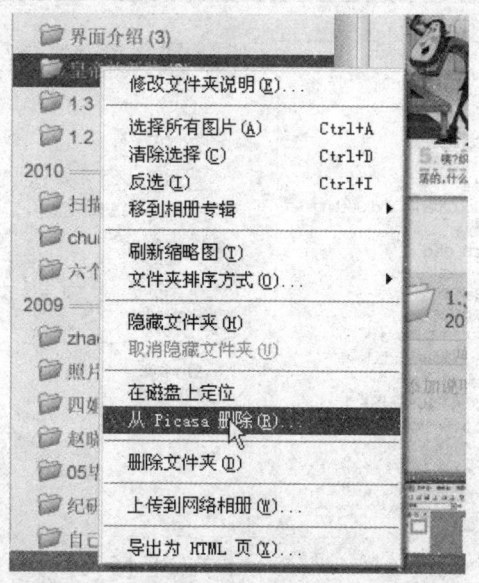

图2-53　从Picasa中删除文件夹

小提示：如果在初始图片扫描对话框中选择了第一项——全面扫描计算机查找图片，结果 Picasa 会归类整理出很多没用的图片，怎么办呢？ Picasa 可以很快捷地删除这些不需要的图片文件夹。步骤如下：在文件夹列表中单击选中不需要的图片文件夹，单击鼠标右键，在弹出的菜单中选择"从 Picasa 删除"即可，如图 2-53 所示。你不需要的文件夹会从 Picasa 中删除，但它依然存在于你计算机的硬盘上，不受任何影响。

小提示：若选择了第二项——仅扫描"我的文档"、"图片收藏"和"桌面"，则会有很多图片没有被显示出来，其中恰恰又有你想要用到的图片，怎么办呢？没有关系，Picasa 会随时扫描你指定的文件夹，并归类整理出该文件夹里所有的图片。步骤如下：单击"文件"菜单→"将文件夹添加到 Picasa（A）"，打开"文件夹管理器"对话框，如图 2-54 所示，在左侧文件夹列表中找到要添加的文件夹单击选中，在右侧"适用于"区域选择"扫描一次"，单击"确定"按钮返回。该文件夹将被添加到文件夹列表中并按时间顺序排列，当然该文件夹中的所有图片也将被导入到 Picasa 中存放在该文件夹里。

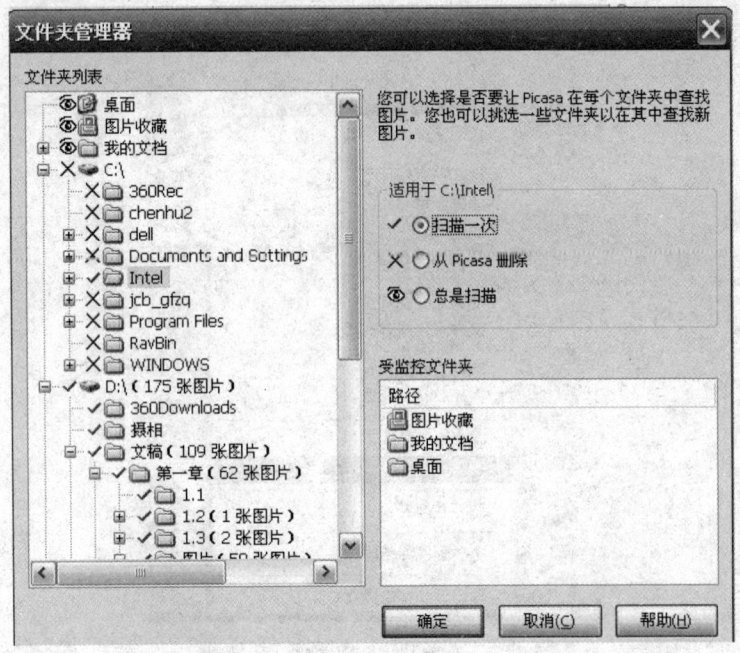

图2-54 文件夹管理器对话框

（二）Picasa 的工作界面如图 2—55 所示，主要包括标题栏、菜单栏、工具栏，图片库、图片显示区及任务栏。

1. 标题栏：工作界面最上端以蓝色背景显示的为标题栏，显示了软件名称"Picasa2"。

2. 菜单栏：位于标题栏下面的是菜单栏，包括 8 个菜单：文件、编辑、视图、文件夹（相册）、图片、制作、工具及帮助，7 个菜单包含了 Picasa 的所有操作命令。

（1）文件：文件菜单可实现对文件夹的导入、从 Picasa 中删除文件夹、保存、打印、在线发送邮件等基本功能。

图2—55　Picasa的工作界面

（2）编辑：编辑菜单主要实现复制、粘贴、剪切、选择等基本操作。

(3)视图:编辑菜单可实现在各个视图间的切换(图片库视图、小缩略图、正常缩略图、编辑视图),还可以进行幻灯片放映、按时间顺序搜索选项等操作。

(4)文件夹(相册):当选中的是文件夹时,则该菜单名称为"文件夹";当选中的是相册时,该菜单名称则变为"相册"。该菜单主要针对文件夹或相册实现修改其属性、用幻灯片形式观看、修改文件夹排列方式(默认为按日期排列)、从Picasa中删除文件夹等操作。

(5)图片:图片菜单主要是修改、编辑图片的一些基本命令,可在图片下拉菜单中选择"查看并编辑"直接进入编辑视图,对图片进行一些基本修正(例如:剪裁、拉直、红眼等);图片菜单还可对图片进行批量编辑(例如:旋转、重命名、锐化、暖化、黑白等)。对于在显示区显示的图片可对其进行隐藏,这一操作在图片菜单中可实现。

(6)制作:制作菜单主要功能有设为桌面、制作海报、制作电影、图片拼接、在线冲洗、发送到博客等。

(7)工具:工具菜单的主要功能有文件夹管理、配置屏幕保护程序、上传管理、图片备份等。

(8)帮助:帮助菜单列出了帮助目录,单击后可直接进入Picasa帮助主页,查看相应帮助内容。

3.工具栏:位于菜单栏下面的是工具栏,包括导入、幻灯片演示、按时间顺序、礼品CD4个按钮以及搜索文本框几项内容。

(1)导入按钮:是从照相机、扫描仪、其他媒体或本机上的文件夹来导入图片,步骤:单击"导入"按钮→"选择设备",从列表中选择一种设备名称或文件夹,选择你想要导入的图片,单击界面下面的"全部导入"或"导入选中的图片"打开导入对话框,如图2-56所示,填写好之后单击"完成"按钮即可导入你要的图片。

(2)幻灯片演示按钮:对文件夹或相册中的图片进行幻灯片演示,这时的图片被全屏显示。

（3）按时间顺序按钮：按时间顺序查看所有图片，每个文件夹中的照片以堆叠的效果显示。快速查找每一个文件夹中的图片，方便快捷。

（4）礼品 CD：可快速地将你计算机中的图片做成 CD 送给朋友或留存。单击"礼品 CD"按钮，进入制作礼品 CD 界面，选择合适图片，单击界面下面的"刻录光盘"即可。

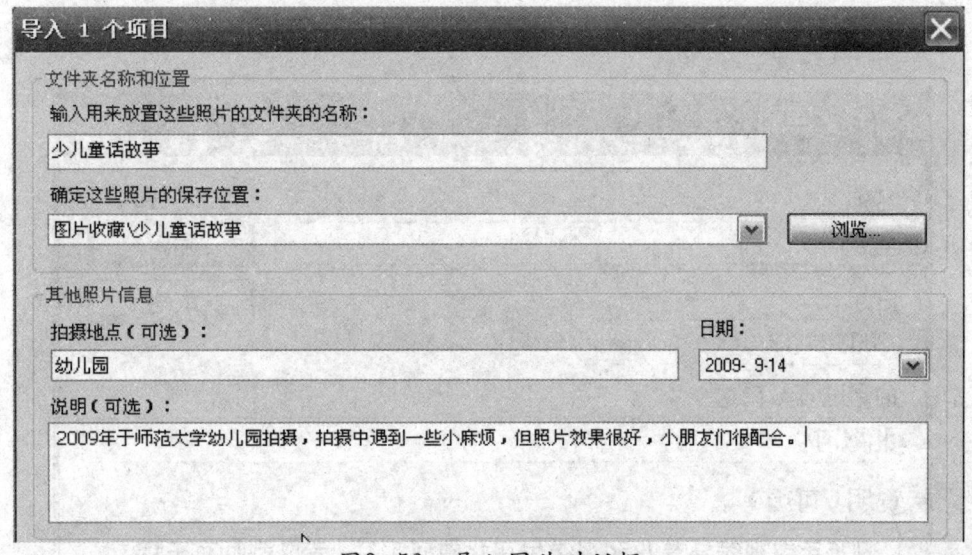

图2-56　导入图片对话框

（5）搜索文本框：搜索文本框可以快速查找图片，如图 2-57 所示。在搜索文本框中输入要查找的图片名称，即可快速找到你的图片。当你输入图片名称的第一个字时，你想要的图片也许就非常快地出现在 Picasa 的图片显示区了。

图2-57　搜索文本框

4．图片库：位于工具栏下面的一个大的操作区域即是图片库。图片库左侧为文件夹列表及相册名称，默认情况下，文件夹列表按创建日期排序。图片库右侧为图片显示区域，显示了与文件夹列表中的文件夹和相册相对应的图片的缩略图。双击一张缩略图则进入图片编辑状态，可对图片进行相应的修改。

小提示：文件夹列表中的文件夹以图片原来所在文件夹命名，若要更改文件夹名称或对文件夹进行简单的说明，则选择某一文件夹右击，在弹出的菜单中选择"修改文件夹说明（E）"，打开文件夹属性对话框，如图 2-58 所示，可以对文件夹的名称、日期、拍摄地点或说明进行相应的修改。

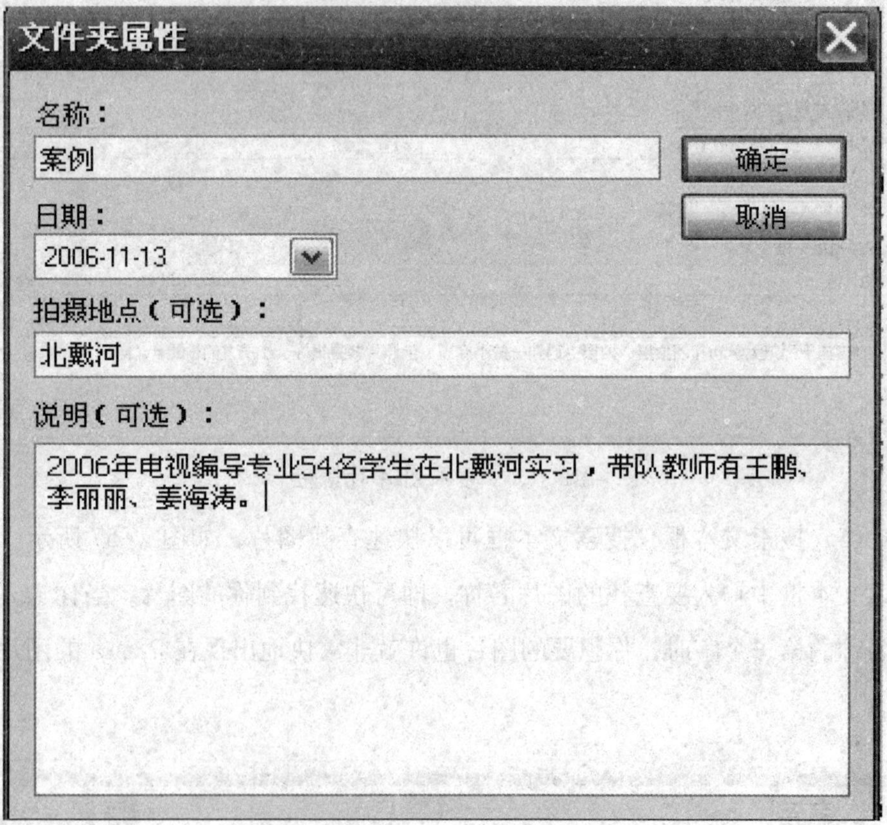

文件夹属性

名称：

案例

日期：

2006-11-13

拍摄地点（可选）：

北戴河

说明（可选）：

2006年电视编导专业54名学生在北戴河实习，带队教师有王鹏、李丽丽、姜海涛。

确定

取消

图2-58 文件夹属性对话框

5. 任务栏：工作窗口的最下面就是任务栏，当单击显示区中某一张图片时，在任务栏顶端就可以看到具体的图片信息，例如文件名称、尺寸、文件大小等，如图 2-59 所示。在任务栏中可快速实现对图片加星、打印、在线冲洗、拼贴、添加到网络相册、张贴到博客、通过电子邮件发送照片等功能。

图2-59　任务栏

二、案例分析

（一）为图片加星标

由于 Picasa 会整理出计算机中的很多图片，所以在众多图片中找到你想要的图片就如同大海捞针，当然如果知道图片名称可以利用搜索文本框进行查找,很快会找到你要的图片。若不知道图片名称,Picasa 可以为图片加星标，这样就可以轻松找到你要的图片，步骤如下：

1.单击选中要加星标的图片，在任务栏右侧会显示该图片的缩略图，如图 2-60 所示，单击任务栏中的黄色星形按钮（添加／删除星标按钮），在该图片右下角会出现一个黄色的小星星，代表这个图片已经被添加了星标。

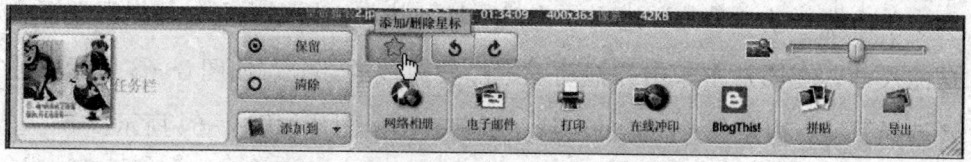

图2-60　在任务栏中为图片添加星标

2.添加了星标的图片会被 Picasa 存放到相册"加星标的照片"里，每次查看该图片可直接在文件夹列表中单击"相册"→"加星标的照片"，在图片显示区会显示出已经加星标的所有图片，如图 2-61 所示。

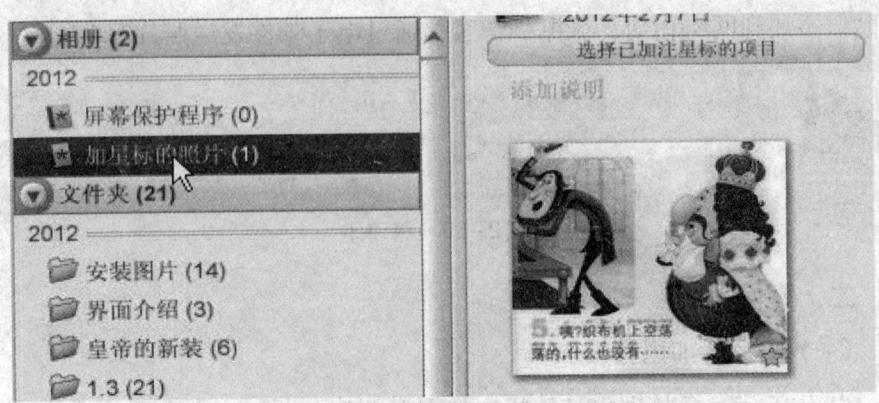

图2-61　查看已经加星标的图片

（二）编辑图片

Picasa 可以实现对图片的快速编辑，只要双击被选中图片即可进入编辑视图，在编辑视图中Picasa 提供了三种图片修改功能——"基本修正"、"微调"和"效果"，如图 2-62 所示。下面我们将在编辑视图中对图片进行快速修改。

1.剪裁图片

（1）找到要进行剪裁的图片，双击进入编辑视图，在"基本修正"选项卡中单击第一项"剪裁"进入"剪裁照片"状态，根据视图左侧提示选择合适的尺寸，在图片上单击并拖动以选择要剪裁的部分，如图 2-63 所示；或者选择手动，剪裁任意尺寸的照片，被剪裁下的图片如图 2-64 所示。

（2）在视图左侧单击"应用"按钮，图片即可剪裁完毕。单击"文件"菜单→"另存为"，在打开的"另存为"对话框中选择保存路径，输入文件名称为"苹果"，单击"保存"按钮返回。

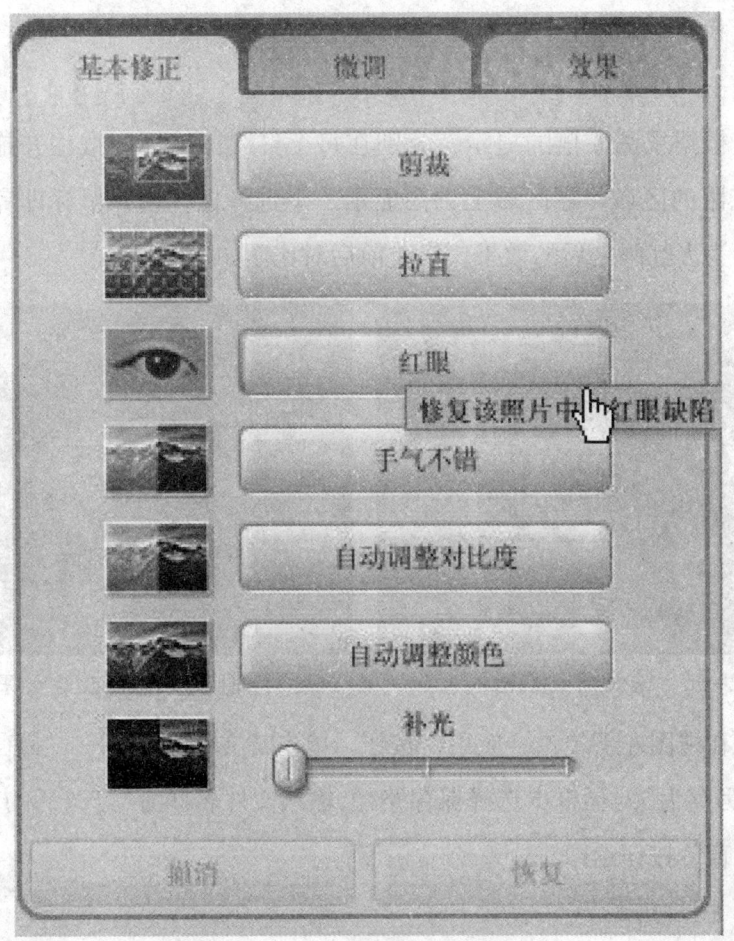

图2-62　编辑视图中提供的三种图片修改功能

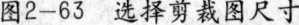

图2-63　选择剪裁图尺寸　　　　　图2-64　被剪裁下来的图片

2. 消除红眼

在光线较暗的环境中拍照会出现红眼效果，这是很多人为之苦恼的事情，Picasa可以非常快捷地为你解决这一问题。

(1) 找到并选中有红眼的照片，双击进入编辑视图，在"基本修正"选项卡中单击"红眼"，进入"红眼"修正状态。

(2) 根据视图左侧的提示，分别在每个红眼区域周围按住并拖动鼠标，选中有红眼的区域，在区域上方会显示一个选择框，松开鼠标即完成选择，照片显示为去红眼之后的效果。修改前后对比图如下所示。

图2-65　修改前效果图　　　　　　图2-66　修改后效果图

(3) 在视图左侧单击"应用"按钮，单击"文件"菜单→"另存为"，在打开的"另存为"对话框中选择保存路径，输入文件名称为"修改后的效果图"，单击"保存"按钮返回。

(三) 图片拼贴

1. 找到要做成图片拼接的图片，单击选中，在"任务栏"中单击"保留"按钮，再接着找到并选择第二张图片，单击"保留"按钮，这两张图片会同时出现在"任务栏"左侧，等待编辑。接同样的方法找到要进行拼接的所有图片，单击"拼贴"按钮，打开"制作拼贴"对话框，如图2-67所示。

2. 在"类型"下拉列表中选择"图片堆叠"；在"选项"下拉列表中选择"黑色背景"；单击"选择"按钮，选择文件保存的路径，单击"确定"按钮返回，最后单击"创建"按钮，拼图创建并保存成功。

(四) 为文件夹或相册设置密码

通过Picasa可以查看计算机上的所有图片，若不想你的图片被别人轻易地看到，Picasa 可以为你的文件夹或相册设置密码保护，步骤如下：

1. 如图 2-68 所示，在文件夹列表中选择"文件夹"，右击，在弹出的快捷菜单中选择"添加／更改密码（A）"选项，接着会弹出"密码输入"对话框，如图 2-69 所示。

2. 在文本框中输入密码，单击"确定"，在弹出的确认密码对话框中重新输入密码，单击"确定"，密码设置成功。

3. 若想查看你的图片，可以双击文件夹列表中的相册或文件夹，在弹出的"密码输入"对话框中输入已经设置好的密码，即可打开文件夹或相册专辑，查看图片。

图2-67　制作拼贴

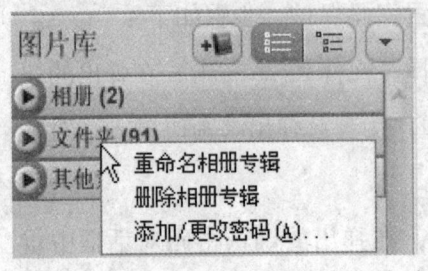

图2—68　添加／更改密码快捷菜单

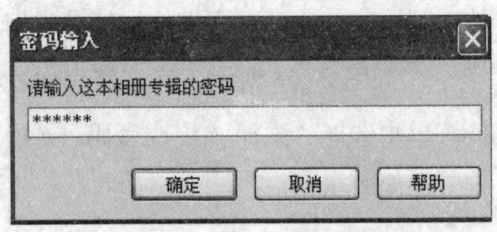

图2—69　密码输入对话框

第四节　多媒体素材集成软件——Authorware

　　Authorware 是由美国 Macromedia 公司开发的一款功能强大的多媒体创作工具，其操作简单，程序流程明了，易学易用，使用者无须掌握高深的编辑语言，使得不具有编程能力的人也能创作出一些高水平的多媒体作品。

　　Authorware 采用面向对象的设计思想，是一种基于图标和流程线的模式。它把众多的多媒体素材交给其他软件处理，本身则主要承担多媒体素材的集成和组织工作。

　　这里我们将介绍 Authorware7.0 的使用，首先，安装 Authorware7.0。双击其安装程序图标，进入安装界面，按照其提示单击"下一步"，并选择安装的地址，之后进入安装状态，安装完毕后单击"完成"按钮即可。

　　第一次启动 Authorware7.0 后会出现图 2—70 所示的对话框，输入姓名和组织、序列号（该序列号一般保存在以 SN 命名的文件里）后，单击"OK"即可运行 Authorware7.0，此对话框以后不会再出现。

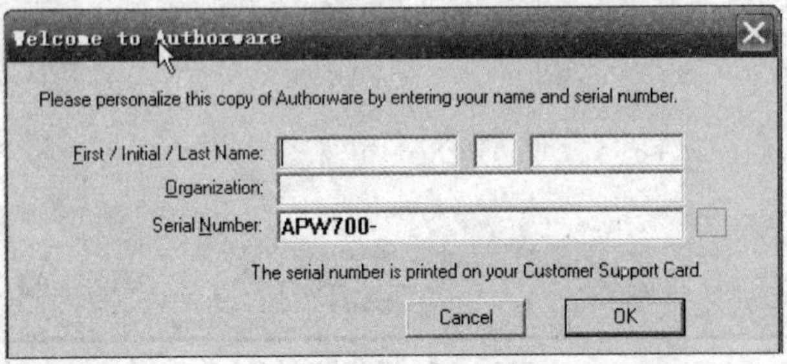

图2—70　第一次启动出现的对话框

一、界面介绍

Authorware7.0 的操作界面如图 2-71 所示，与一般的 Window 操作系统下的软件相似，包括标题栏、菜单栏、工具栏、图标面板、设计窗口、属性窗口等几部分。

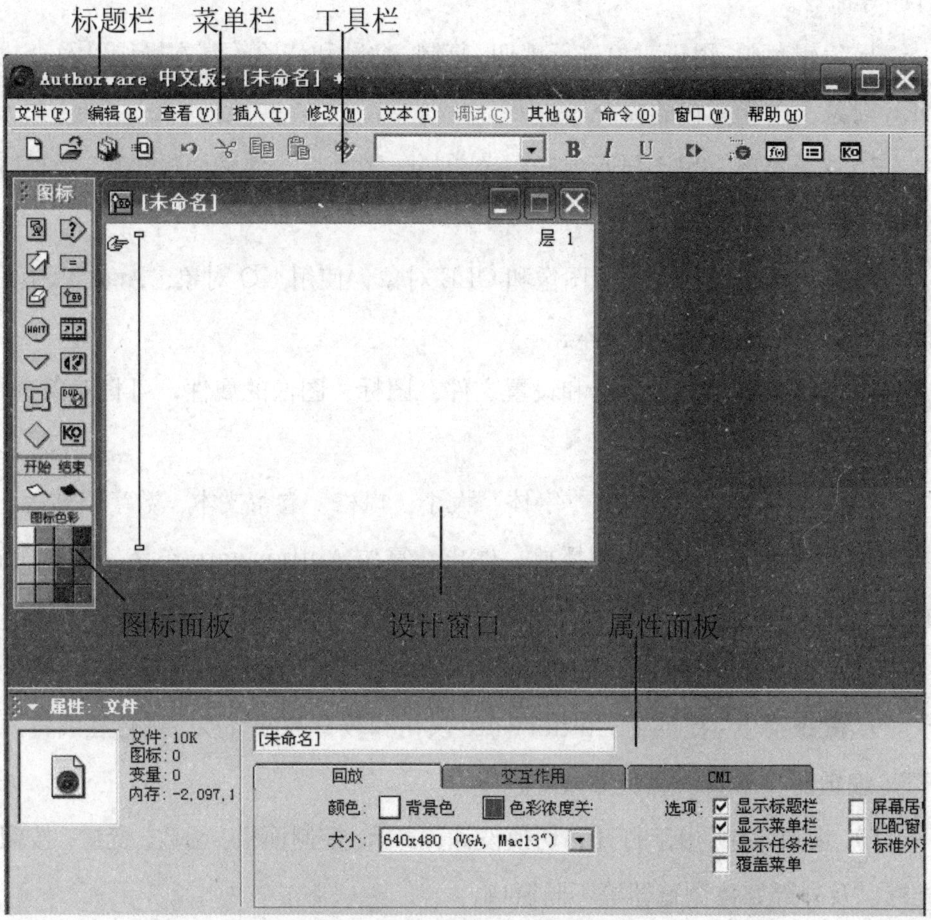

图2-71 Authorware7.0操作界面

（一）菜单栏

Authorware7.0 菜单栏包括文件、编辑、查看、插入、修改等 11 个下拉菜单，如图 2-72 所示。

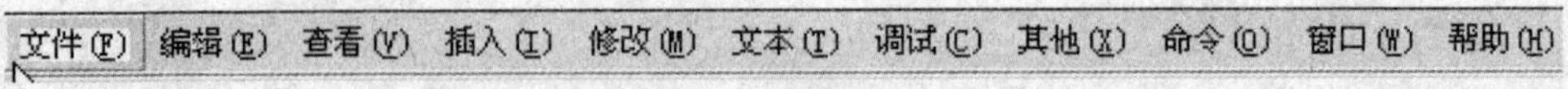

| 文件(F) | 编辑(E) | 查看(V) | 插入(I) | 修改(M) | 文本(T) | 调试(C) | 其他(X) | 命令(O) | 窗口(W) | 帮助(H) |

图2-72 菜单栏

1. 文件菜单：用于文件的基本操作，例如新建、打开、关闭、保存、文件的导入和输出，文件各种属性参数的设置、模板转换、文件的发布设置、打包、打印等命令。

2. 编辑菜单：用于对象进行剪切、复制、粘贴和清除等基本操作以及查找、OLE 对象、关于图标的命令等。

3. 查看菜单：用于显示或隐藏菜单栏、工具栏、浮动面板，显示和对齐网格等命令。

4. 插入菜单：用于插入图像和 OLE 对象，使用 KO 对象、ActiceX 控件和 Flash、QuickTime 等媒体。

5. 修改菜单：用于查看和设置文件、图标、图像的属性，可将对象进行组合、对齐分布等设置。

6. 文本菜单：可设置文本字体、大小、风格、卷帘文本、数字格式等。

7. 调试菜单：用于控制播放、停止、复位 Authorware 作品，设置播放的开始和结束位置。

8. 其他菜单：可进行库连接、拼写检查、图标大小、报告等操作。

9. 命令菜单：提供了 Authorware 汉化和教育网站链接，进行在线资源、RTF 编辑器、编辑快捷键等命令。

10. 窗口菜单：用于打开和切换设计、演示、控制面板、函数、变量、按钮、光标以及外部媒体浏览器等不同窗口。

11. 帮助菜单：提供 Authorware 链接帮助和版本信息，并提供相关的 Web 地址链接。

(二) 工具栏

Authorware 工具栏包含新建、打开、保存、导入图片、返回剪切、查找、设置文本基本格式、运行、函数、变量等 18 个按钮。

图2-73　Authorware工具栏

（三）图标面板

Authorware 是一种基于图标的多媒体创作工具，通过将图标面板上的图标拖放到设计窗口的流程线上，形成逻辑流程，图标的使用是 Authorware 最基本的也是最核心的内容，其强大的多媒体创作功能，主要就是通过图标来实现。Authorware 图标面板如图 2-74 所示，共有 14 个图标，包括流程起始标志与结束标志、图标色彩等部分。

1. 显示图标：显示文字、图形、静态图像等，这些文字或图形图像可以从外部引入，也可直接用图 Authorware 提供的绘图工具创建。

2. 移动图标：设置对象（文字、图片等）运动的图标，在 Authorware 里可设置二维平面动画，并有多种运动方式。

3. 擦除图标：擦除选定图标中的文字、图片、声音、动画等。

4. 等待图标：使程序暂停，直到设计者设定的响应条件得到满足为止。

5. 导航图标：建立超级链接，实现超媒体导航。

6. 框架图标：与导航图标配合，制作翻页结构或超文本文件。

7. 决策图标：按照设定方式确定流程到底沿哪个分支执行。

8. 交互图标：提供用户响应，实现人机交互，Authorware7.0 提供了 11 种交互类型，使人机交互的方式更加多样化。

9. 计算图标：是存放程序的地方，Authorware 的图标能实现一些基本的功能，但要制作比较专业的多媒体作品，就需要通过程序来辅助进行，这些程序的载体就是计算图标，如在计算图标中可以为变量赋值，执行系统函数等。

10. 群组图标：程序窗口的大小是有限的，太多的图标放在同一条流程线上，就不能全部看到它们，通过群组图标可以把流程线上的多个图标组合到一起，形成下一级流程窗口，从而大大缩短流程线。

11. 数字电影图标：又称动画图标，用来导入 AVI、MOV、FLC、QuickTime 等格式的数字电影和动画。

12. 声音图标：用来导入一个声音文件，其格式包含 SWA、WAVE、MP3、SOUND、AIFF、PCM 等格式。

13. 视频图标：控制外部视频播放设备。

14. 知识对象图标：知识对象就是一个设计好的程序逻辑，每个知识对象都含有一个图标和一个向导，使用者可以将图标添加到适当的位置，然后在向导程序的引导下编辑和设定各个知识对象的属性。即使没有经验的人也可以轻松地完成一件 Authorware 作品。

15. 流程起始标志：用于程序调试，把此标志放置在流程线上，运行程序时，Authorware 会从标记处执行程序。

16. 流程终止标志：把此标志放在流程线上，当执行程序时遇到这个标志，会立即停止执行。

17. 调色板：用来给图标着色，让程序开发者方便地区分各类图标，它对程序的最后执行没有影响。

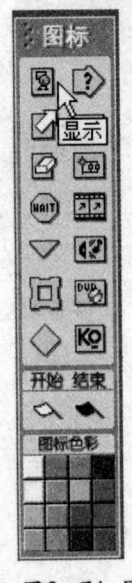

图2-74 图标面板

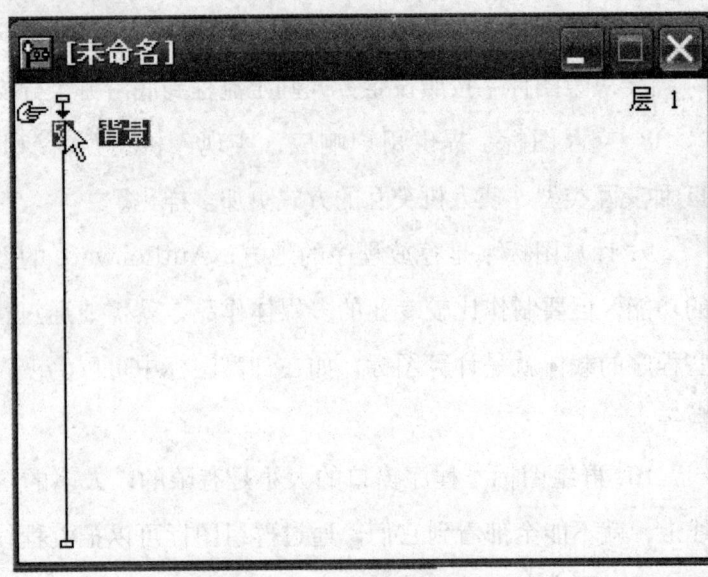

图2-75 设计窗口

（四）设计窗口

Authorware 设计窗口如图 2—75 所示，Authorware 就是利用图标在设计窗口中进行程序设计，窗口左侧的一条贯穿上下的直线叫做流程线，我们对图标的操作必须在流程线上进行。标题栏上有当前程序文件名，在未给当前程序起名保存之前，系统自动命名为"未命名"。窗口右上角的"层 1"字样，表明当前窗口是第一层；若流程线上有群组图标，双击打开后，其程序窗口会有"层 2"的字样，表明该窗口时是二层，是由第一层派生出来的。

（五）属性面板

使用属性面板有文件属性和图标属性两种形式，图标属性可设置所选择图标的各种属性；文件属性设置 Authorware 文件的整体属性，例如背景色、屏幕大小等。

二、基本操作

Authorware 与其他 Windows 程序类似，其文件的基本操作也类似，例如打开、保存、新建、退出等操作都比较简单，这里不再详细阐述。我们主要介绍 Authorware 图标的操作。图标是使用 Authorware 的主要操作对象，也是各种媒体形式的"容器"，对图标进行操作主要包括以下内容。

（一）图标拖放

在 Authorware 的设计窗口内，可将图标面板上的任何图标直接拖放到设计窗口流程线上，当拖动图标时，它将被插入到流程线上离释放鼠标最近的地方。

（二）图标的选取

选择单个图标时，只需要单击该图标即可，被选中的图标将反显以示区别，当选择多个图标时，可按下鼠标左键，拖出一个矩形，则矩形框中的图标将被选中。

（三）图标的剪切、复制、粘贴和删除

在 Authorware 中，剪切、删除和复制命令可以对流程线上选中的一个或一组图标起作用。

1.复制图标：选中被编辑的图标，单击工具栏中的"复制"按钮或选择"编辑"菜单中的复制命令，在目标位置单击"粘贴"按钮或选择"编辑"菜单中的"粘贴"命令，当图标粘贴到流程线上来的时候，它们将被插入到手型指示符所指的位置，手型指示符在流程线上的位置取决于在流程线上单击鼠标左键的地方。

2.剪切、删除图标：选中被剪切的图标，单击工具栏上的"剪切"按钮，或选择"编辑"菜单中的"剪切"命令。如想删除图标，选择被删除的图标后按键盘上的 Delete 键即可，或选择"编辑"菜单中的"清除"命令。

注意：由于框架、判断、交互图标附加有其他图标，不能单独剪切或删除，如果试图这样做，Authorware 会出现图 2-76 所示的对话框，单击全选右侧的图标后，可将所有附加图标一并删除或剪切。

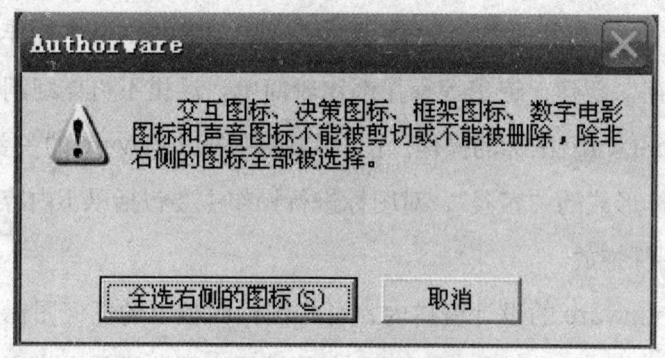

图2-76 是否选择右侧全部图标对话框

3.给图标命名或加注释

除了导航图标和等待图标以外，Authorware 给每个图标都命名为"未命名"，这样的图标显然是毫无意义的。当图标数目较多、流程线较复杂时，给图标一个明确含义的标题就显得特别重要。在图 2-77 所示的设计窗口内，可以看到一个图标命名较好的流程线是多么清晰明了，这对别人理解程序和自己以后对程序的修改都很有帮助。

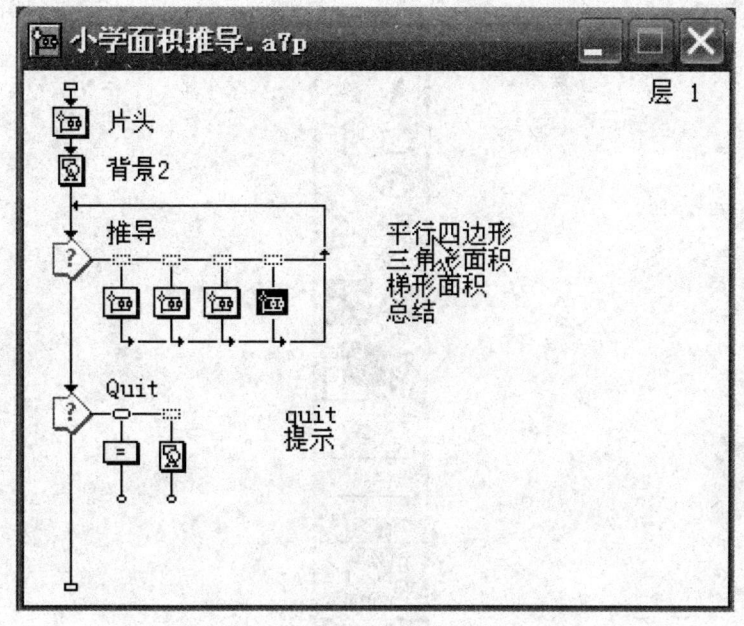

图2-77 图标命名清楚的流程线

（四）设置图标属性

每一种图标都有各自不同的属性和与之相关的选项，例如，显示图标的属性包括标题、层、特效、选项、位置等。选择"修改—图标—属性"，可调出"属性"面板，单击流程线上的任何图标，属性面板即显示相应的属性设置。

（五）群组图标

当流程线上的图标较多、看上去杂乱时，我们可以进行分组，选择多个图标，单击"修改—群组"命令即可。

（六）编辑图标的内容

在流程线上双击该图标，可以对图标中的内容进行编辑。编辑的形式和内容视图标类型而定。对于那些在屏幕上显示内容的图标，例如显示图标、数字电影图标、视频图标等，编辑时可打开展示窗口的内容。当打开显示图标或交互图标时，会出现如图2-78所示的工具箱，利用它可以创建文本或图形。

图2-78 Authorware工具箱

三、案例分析

（一）看图学英语

1.打开 Authorware 主程序，新建一文件。选择"修改—文件—属性"命令，打开文件属性面板，取消菜单栏的选项，如图 2-79 所示。

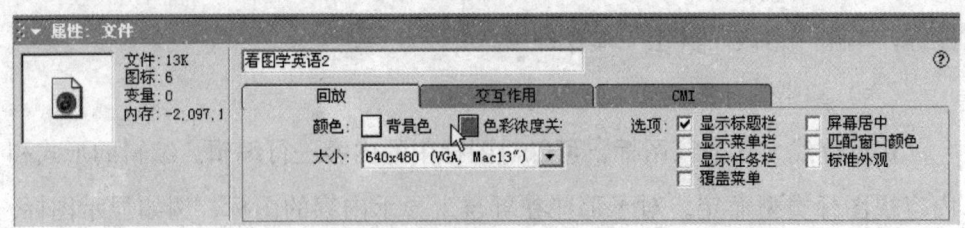

图2-79 设置文件属性

2.单击保存按钮，并取名为"看图学英语"。

3.拖入一个显示图标，命名为"背景"。双击打开显示窗口，单击工具箱中的"文本"按钮，在显示窗口要输入文字的位置单击，输入"看图学英语"，设置字体为楷体,字号24,加粗显示。同样方法输入文本"请单击一种水果！"，设置为楷体，14号。再绘制两条直线分割窗口，效果如图 2-80 所示。

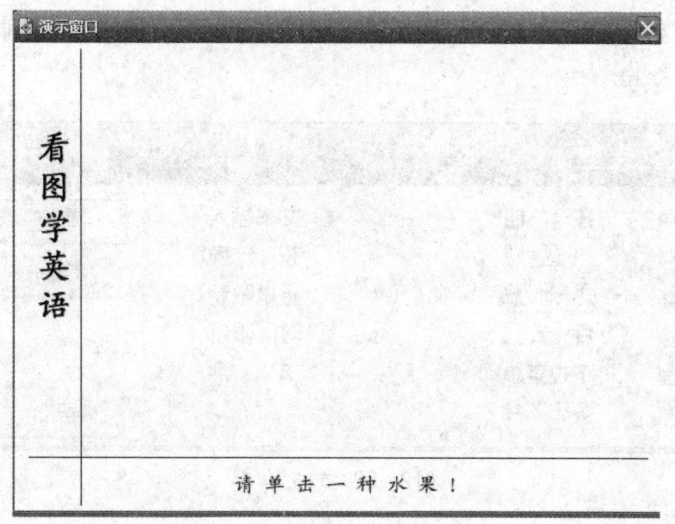

图2-80 背景效果

4.拖入群组图标，命名为"水果"，双击打开，在其二级流程线上拖入 4 个显示图标，分别命名为"苹果"、"草莓"、"梨"、"葡萄"。

5.打开显示图标"苹果"，单击"导入"按钮，导入苹果图片，并调整至合适大小和位置。同样方法导入其他图片，效果如图 2-81 所示。

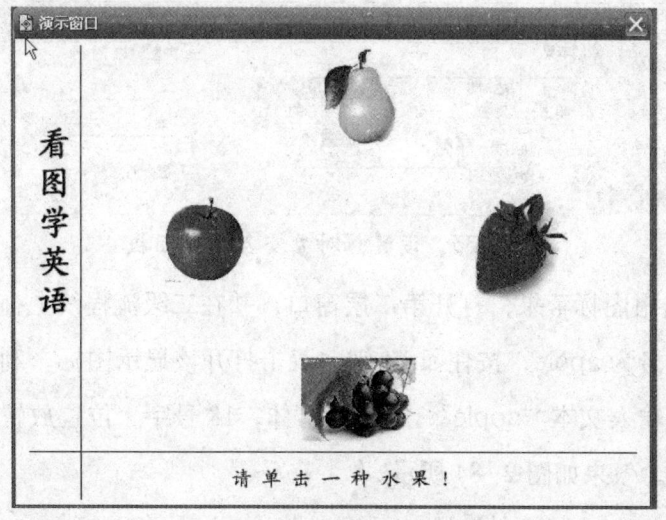

图2-81 四种水果图片的位置

6. 拖动一个交互图标到群组图标后面，命名为"学习英语"。再拖入一个群组图标到交互图标的右侧，弹出"交互类型"对话框，如图 2-82 所示，选择"热对象"交互，单击"确定"按钮返回主流程线。并给刚拖入的群组图标命名为苹果。

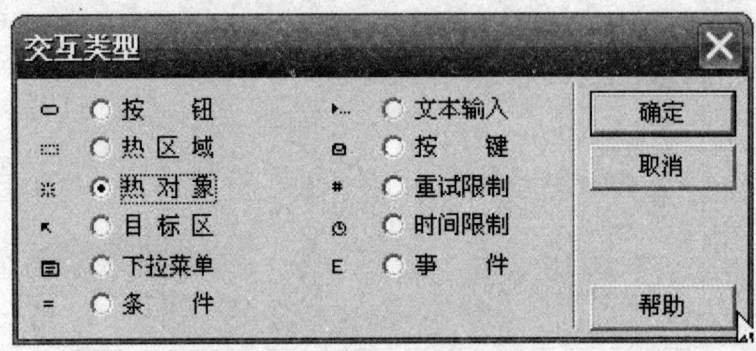

图2-82 交互类型

7. 单击"苹果"图标上方的响应类型符号，在窗口下面的属性面板上设置图标的属性，在属性面板上会出现提示"单击一个对象，把它定义为本反馈图标的热对象"，此时单击"苹果"图片，匹配方式选择默认方式"单击"，并选择选项"匹配时加亮"，鼠标类型选择"手型"，热对象交互属性面板的设置如图 2-83 所示。

图2-83 设置热对象交互属性面板

8. 双击组图标苹果，打开第二层窗口，并在二级流程线上拖入一个显示图标，并命名为 apple，按住 shift 键，双击打开该显示图标，利用工具箱中的文本按钮输入文本"apple"，设置为楷体，18 号字，位置放置在四个水果图片的中央。效果如图 2-84 所示。

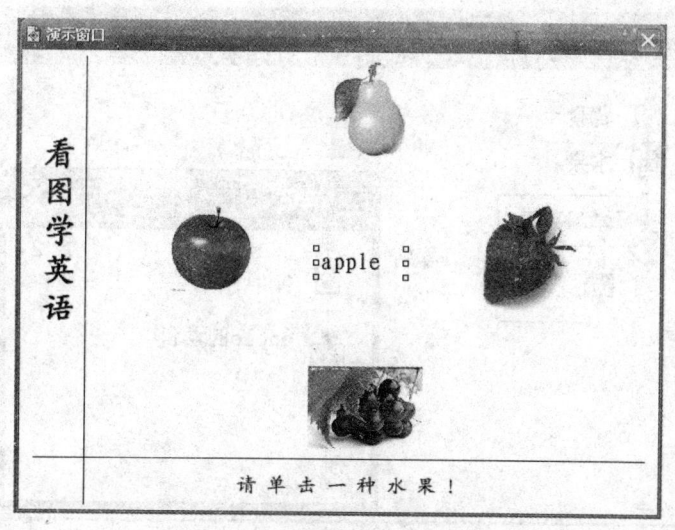

图2-84　解释性文字的位置

9. 在苹果的二级流程线上再拖入一个"声音"图标，并命名为"apple 的读音"，在窗口线面的声音图标属性面板中单击"导入"按钮，找到 apple 读音的音频文件，并导入，声音图标属性面板如图 2-85 所示，其左侧有播放和停止按钮，可试听所导入的文件效果。此时的程序流程线如图 2-86 所示。

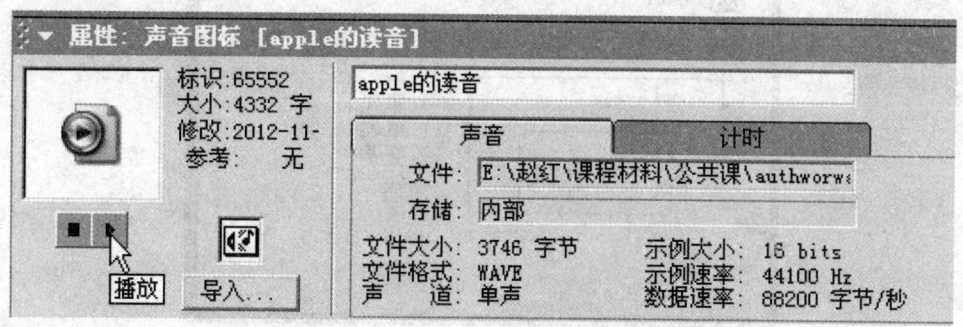

图2-85　声音图标属性设置

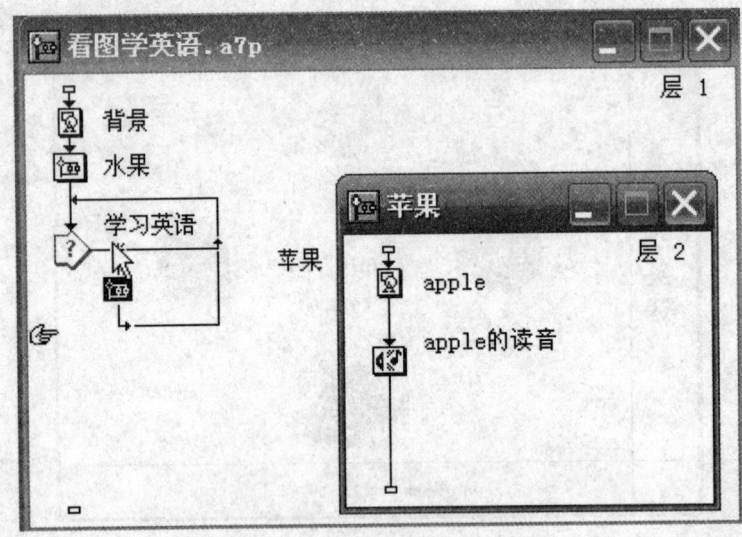

图2-86 苹果的二级流程线

10. 同样方法，制作其他三种水果解释和读音，最终的主程序流程线如图2-87所示。

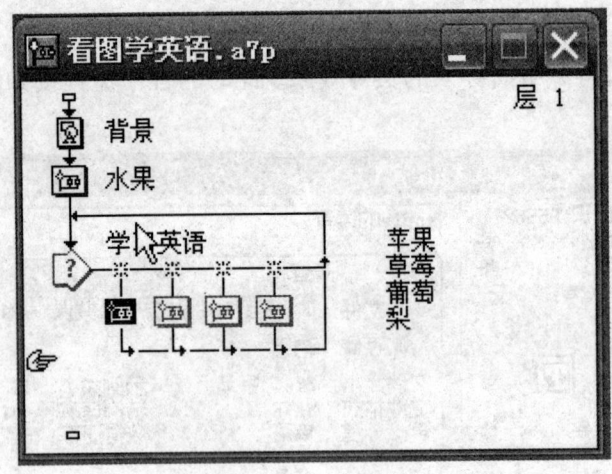

图2-87 主流程线

11. 拖入一个计算图标到主流程线组图标梨的后面，命名为"退出"，单击计算图标上面的交互类型符号，在交互面板上单击"类型"后面的倒三角，更改交互类型为按钮。如图2-88所示，此时在演示窗口内会出现一个按钮标志，拖动其四周的方块，调整到合适大小，并拖动至右下角的位置。

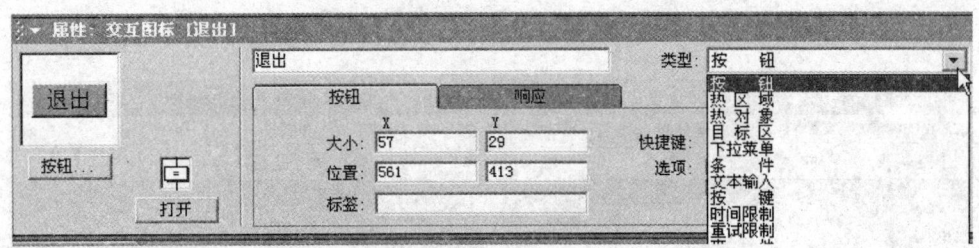

图2-88 更改交互类型

12. 双击计算图标打开计算窗口，并输入退出函数 "quit()"，如图 2-89 所示，单击右上角的关闭按钮，会弹出 "是否保存" 的对话框，单击 "是"。

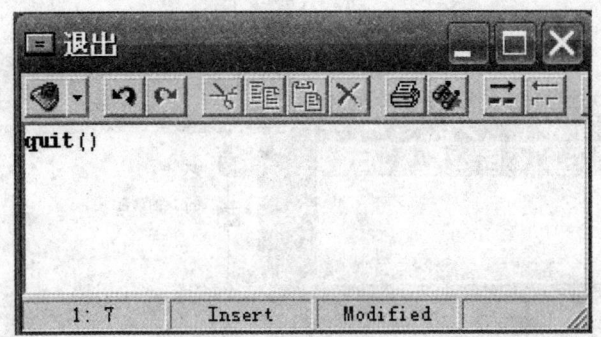

图2-89 计算窗口

13. 单击保存按钮，保存程序，运行程序，效果如图 2-90 所示，单击某一种水果，会出现其英文形式，并伴有其读音。单击 "退出" 按钮，程序结束。

图2-90 最终的程序运行效果

14. 整个程序设计完毕，最终的程序流程线如图2-91所示。

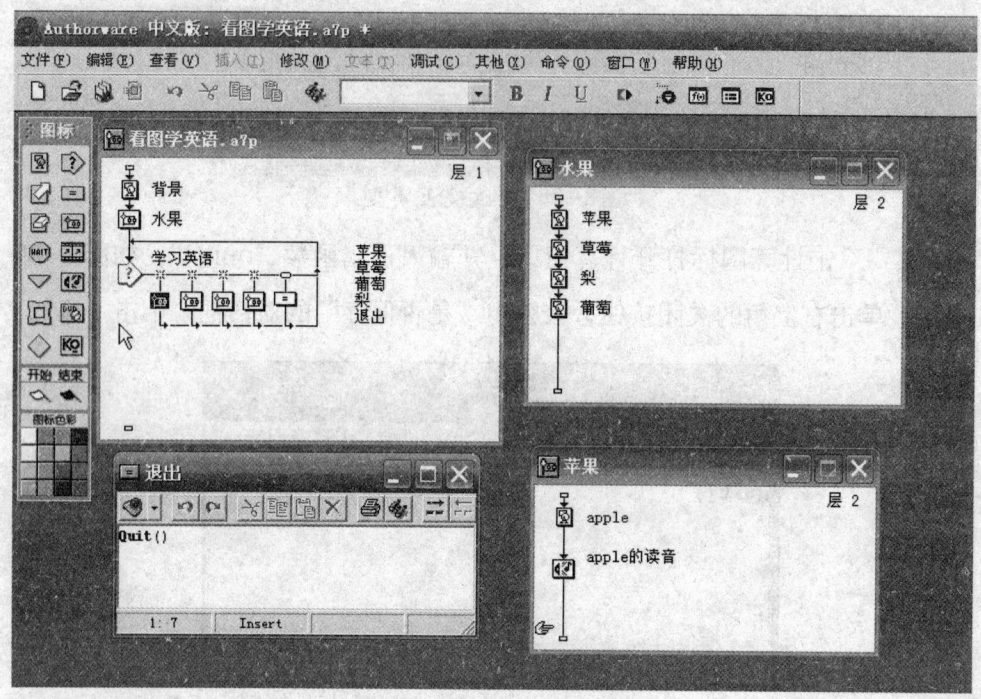

图2-91 所有程序流程线

（二）面积公式推导

1. 新建一文件，单击保存，取名为"面积公式推导"。

2. 单击"修改菜单—文件—属性"，打开文件属性面板，取消"显示菜单栏"选项。

3. 制作片头，拖动一群组图标，命名"片头"，双击打开二级设计窗口，在二级流程上拖入两显示图标，分别命名为"标题文字"、"图形"。

4. 双击显示图标"标题文字"，利用工具箱中的文字工具，输入标题"面积公式推导"，并设置为楷体、36号字，加粗显示。

5. 双击打开显示图标"图形"，利用工具栏上的导入按钮，将准备好的三角形、平行四边形和梯形的图片分别导入，并调整其大小和相对位置，效果如图2-92所示。

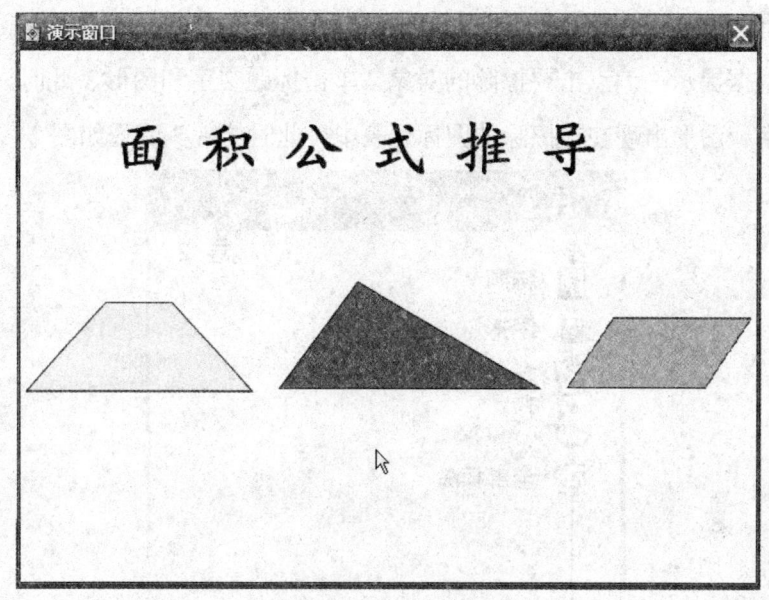

图2-92 片头效果

6. 制作标题动画，首先将标题文字拖入窗口顶端，在二级流程线上拖入一个移动图标到显示图标"图形"的后面，并命名为"移动标题"。移动图标属性面板如图 2-93 所示，属性面板上提示：单击对象进行移动，此时单击窗口顶端的标题文字——面积公式推导。标题文字成为移动的对象。移动图标属性面板上的提示变为——拖动对象到目的地，用鼠标直接拖动标题文字到合适的位置即可。

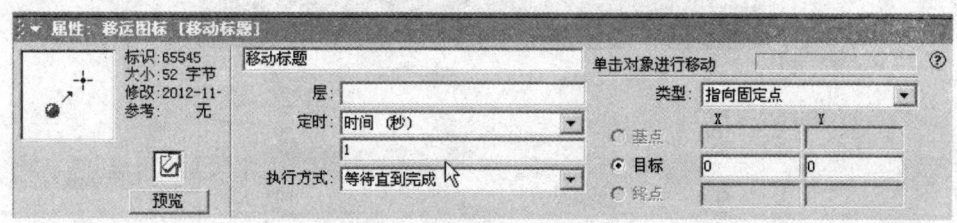

图2-93 移动图标属性设置

7. 单击运行按钮，查看片头运行效果：标题文字从窗口顶端进入到演示窗口。

8. 在移动图标后拖入一个等待图标，设置等待属性，选择单击鼠标和按任意键选项，时限为 8 秒。

9.拖动擦除图标到二级流程线的下方,命名全部擦除,在擦除图标属性面板中根据提示——点击要擦除的对象,单击标题文字和图形。此时显示图标标题文字和图形出现在被擦除的图标列表中。此时的片头流程如图 2-94 所示。

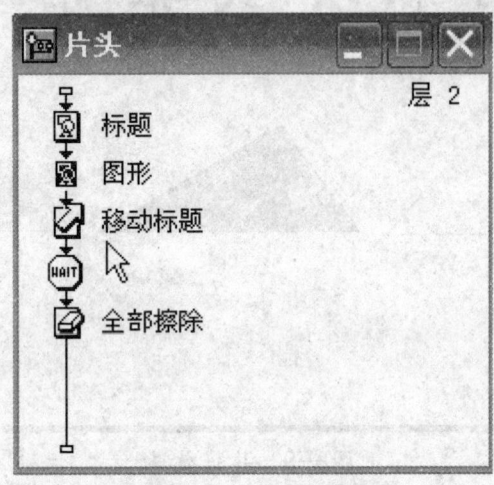

图2-94 片头流程图

10.关闭二级"片头"设计窗口,在主流程线上拖入一个显示图标,命名为"背景",利用工具箱中的长方形工具绘制一个与窗口长度相等的长方形,单击填充工具,选择填充颜色为黑色,并放置到窗口的最顶端。

11.在黑色区域,分别输入文本"平行四边形"、"三角形"和"梯形",设置为楷体、12 号字、白色,并按图 2-95 所示放置。

图2-95 背景设置

12. 在主流程线上拖入一个交互图标，命名为"面积推导"，在其右侧拖入一个群组图标，此时弹出交互类型对话框，选择热区域，单击确定按钮返回，将新拖入的群组图标命名为平行四边形。

13. 单击群组图标"平行四边形"上面的交互类型标志，在显示窗口出现一个长方形的区域，将该区域放置在文字"平行四边形面积推导"上面，并调整合适大小正好可以覆盖该文字，如图2-96所示。在窗口下方的属性面板里设置鼠标类型为手型，并选择匹配时加亮选项。

图2-96　热区域的调整

14. 同样方法，设置三角形面积推导和梯形面积推导的热区域交互。其流程线如图2-97所示。

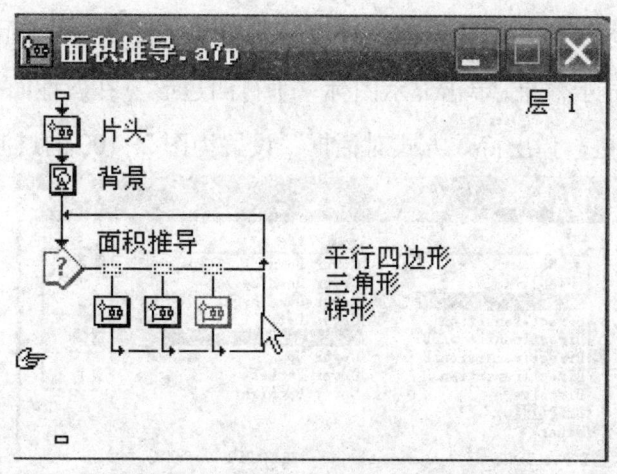

图2-97　设置交互后的主流程图

15. 双击打开群组图标"平行四边形"，在二级设计窗口的流程线上拖入一显示图标，按住 shift 键双击打开，导入已准备好的正方形图片，单击工具箱中的直线工具，线型选择双箭头，如图 2-98 所示。

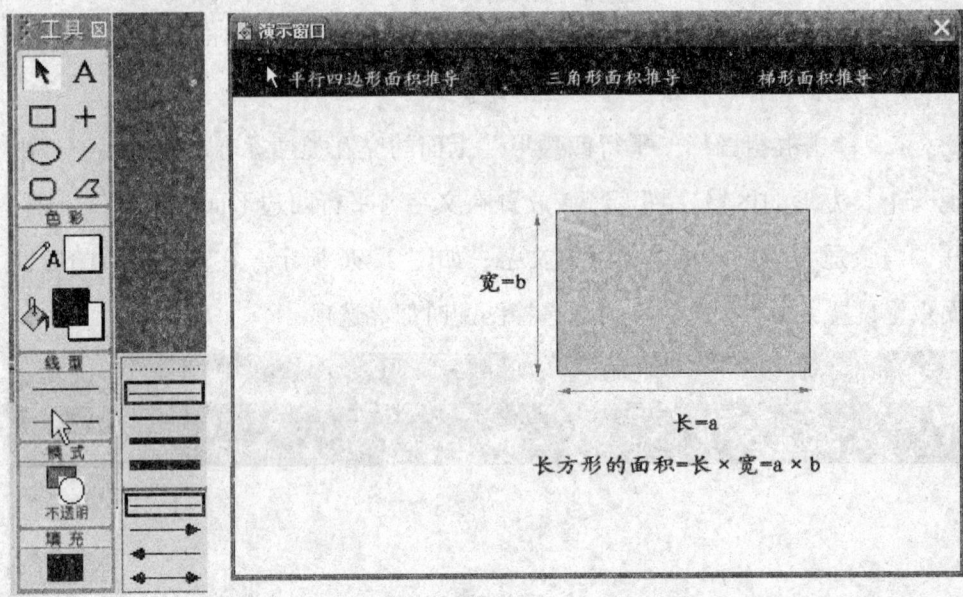

图2-98 线型选择　　　　　　　　图2-99 长方形面积表示方法

16. 在显示窗口内绘制两条带箭头的直线，分别表示长方形的长和宽，并用文字标明，线条颜色设为粉色。在长方形下方输入文字"长方形的面积 = 长 × 宽 =a×b"，设置为楷体、14 号字。效果如图 2-99 所示。

17. 设置显示效果，单击显示图标"平行四边形"，在属性面板里单击"特效"后面的按钮，弹出特效方式对话框，设置为图 2-100 的过渡方式。

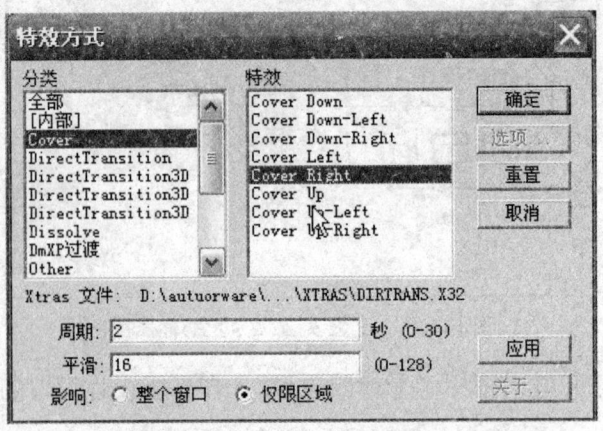

图2-100 特效方式对话框

18. 在二级流程线上拖入一个等待图标，在窗口下方设置等待图标的属性，设置为图 2-101 所示，选中单击鼠标和按任意键选项，时限设置为 8 秒。

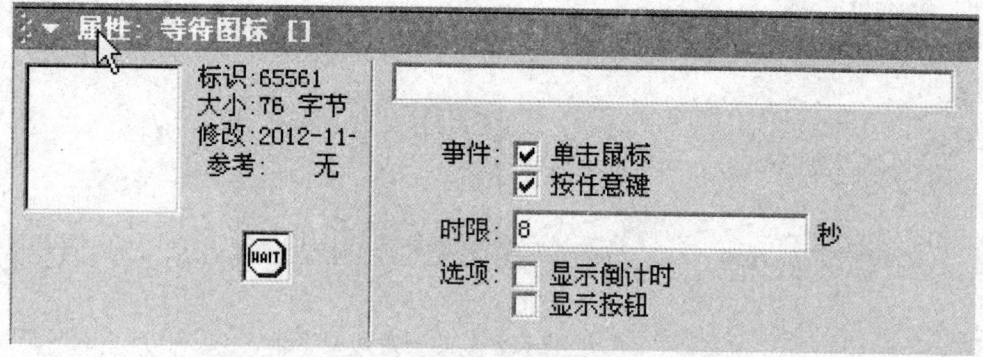

图2-101 等待图标属性设置

19. 在等待图标后拖入一个擦除图标，命名为擦除长方形，在属性面板里提示：单击要擦除的对象，此时单击正方形，则显示图标正方形出现在被擦除图标后面的列表里，如图 2-102 所示。设置特效为 Cover Left。

图2-102 擦除图标属性设置。

20. 在擦除图标后拖入三个显示图标，分别命名为分割 1、分割 2 和说明文字。在前两个显示图标中分别导入已经分割好的图片，并调整合适位置；在第三个显示图标中输入文字"将长方形的一角切割下来，移到另一边，结果如何？"，效果如图 2-103 所示。

21. 在显示图标"说明文字"后拖入一个等待图标，选择单击鼠标和按任意键选项，时限设置为 8 秒。

22. 在等待图标后拖入一移动图标，命名为移动切割 2，设置移动图标属性，根据提示单击切割 2 的图片作为移动对象，拖动切割 2 图片从切割 1 图片的右侧移动到左侧。移动后效果如图 2-104 所示。

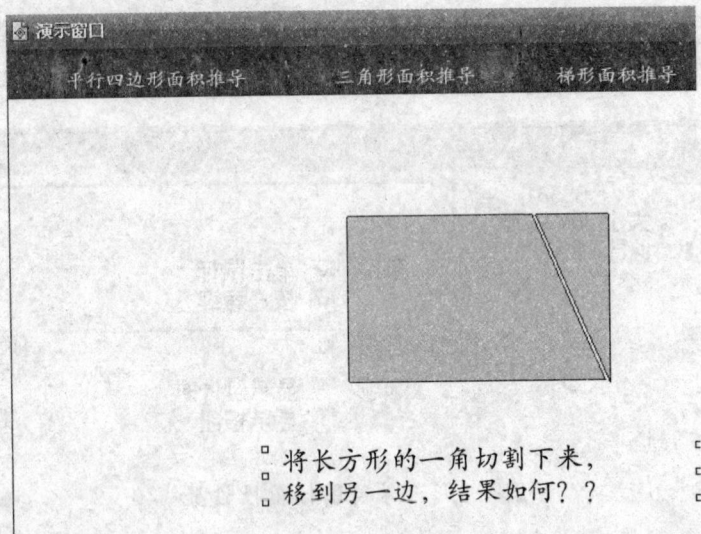

图2-103 切割长方形

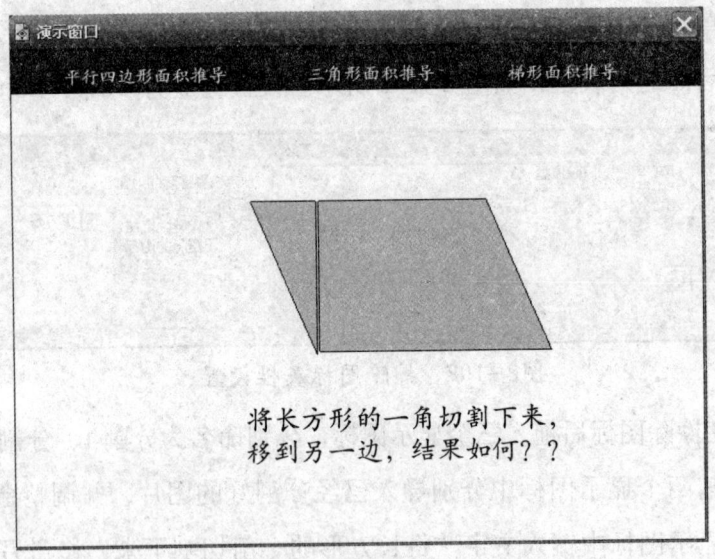

图2-104 移动后效果

23. 在移动图标后拖入一个擦除图标，擦除"说明文字"显示图标里的文字内容。

24. 在擦除图标后拖入一显示图标，命名为"结果说明"，双击打开，输入文字"长方形的面积＝长×宽,平行四边形的面积＝底×高"，设置为楷体、14号字，放置在长方形的下方。

25. 接着输入文字"哦，变成了平行四边形"，设置为楷体、14号字、加粗。利用工具箱中的圆角矩形工具绘制一圆角矩形,填充为黄色,单击"修改—置于下层"，将圆角矩形作为文字的背景。

26. 利用工具箱中的直线工具绘制两条双箭头的直线，分别标志平行四边形的底和高，设置线条颜色为粉色。总体效果如图 2-105 所示。

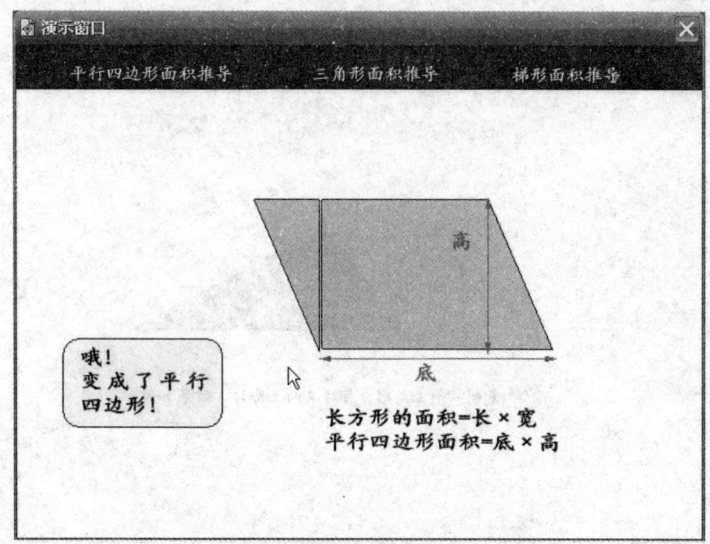

图2-105 移动后的提示文字效果

27. 平行四边形的面积推导设计完毕，其二级流程线如图 2-106 所示。接着设计三角形面积推导过程。

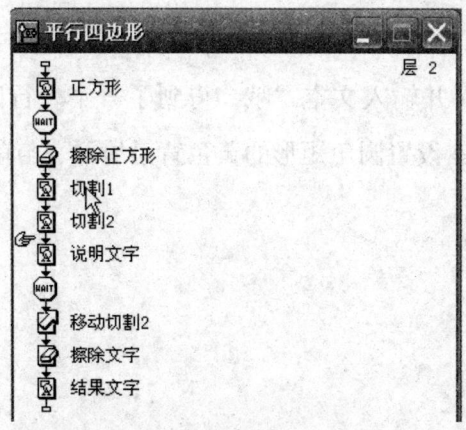

图2-106 平行四边形的二级流程线

28. 关闭平行四边形二级设计窗口，在主流程线上双击群组图标三角形，在其二级流程线上拖入一个显示图标，命名为三角形，导入图片三角形。

29. 接着在显示图标后再拖入一个显示图标，命名为疑问，在显示窗口输入文本"复制一个三角形，并将其向上翻转，效果如何？"，设置为楷体14号字，放置于三角形下方。效果如图2-107所示。

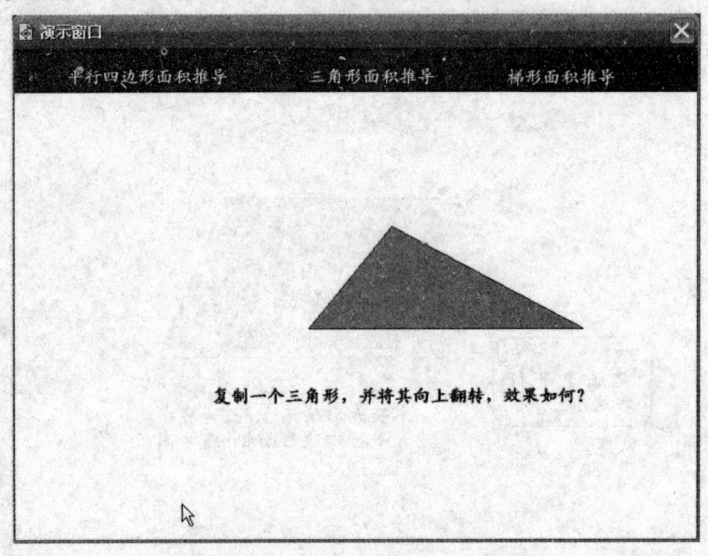

图2-107 导入三角形后的效果

30. 拖入一个等待图标到流程线的下方，设置等待图标属性，选择单击鼠标或按任意键选项，时限为8秒。

31. 在流程线下方拖入一个显示图标，命名为翻转结果，打开后导入翻转后的三角形图片，并输入文本"哦，得到了一个平行四边形"，设置为楷体、14号字，并为文本设置圆角矩形的黄色背景显示（与前面设置方法相同）。效果如图2-108所示。

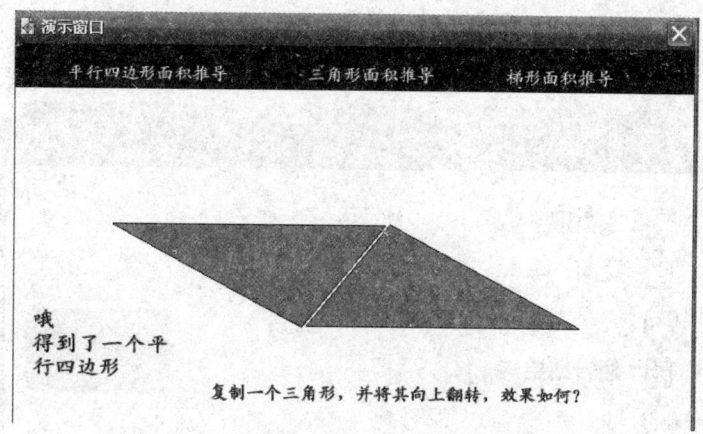

图2-108　三角形翻转后效果

32. 在流程线下方拖入一等待图标，设置等待属性，选择按任意键或单击鼠标选项。

33. 接着拖入一个擦除图标，擦除显示图标疑问里的文本内容。

34. 拖入一个显示图标放在等待图标的下方，输入文本"得到的平行四边形的面积等于两个三角形的面积，平行四边形的底等于三角形的底，平行四边形的高等于三角形的高。三角形的面积＝底×高÷2"，设为楷体、14号字。

35. 利用工具箱的直线工具绘制两条带双箭头的直线，分别表示高和底。效果如图 2-109 所示。

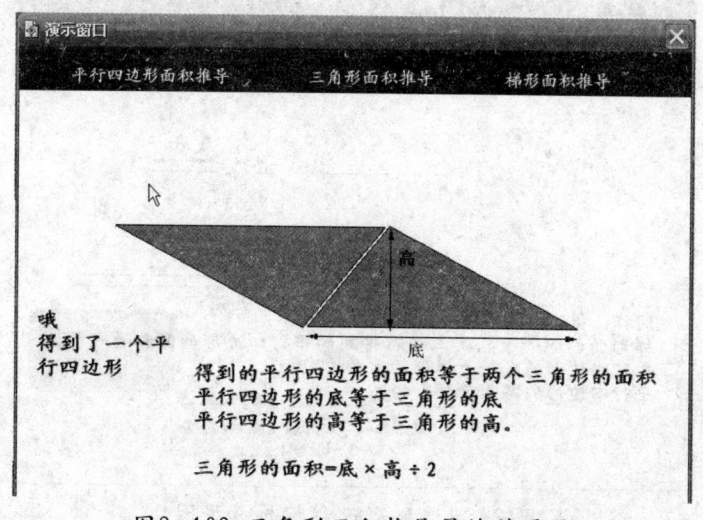

图2-109　三角形面积推导最终效果图

36．三角形二级流程线如图 2-110 所示。

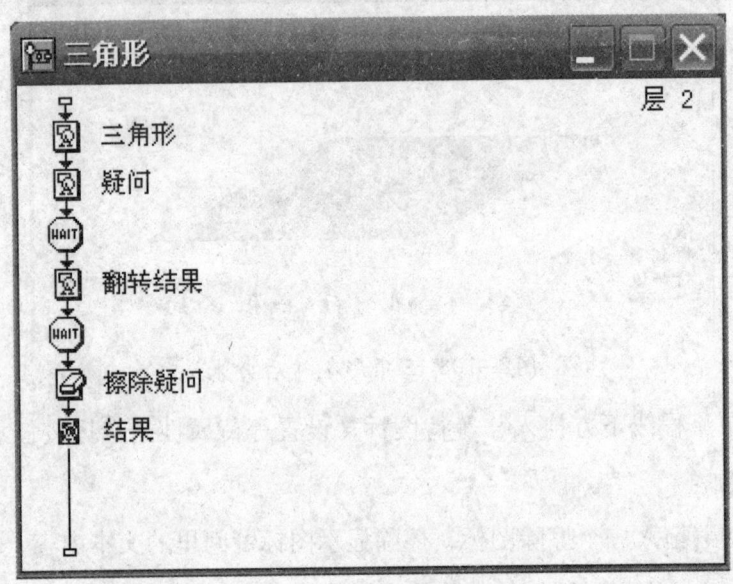

图2-110 三角形二级流程线

37．三角形面积推导设计完毕，梯形的设计过程与前面类似，不做详细介绍，梯形的最终效果图如图 2-111 所示，其二级流程线如图 2-112 所示，主流程线如图 2-113 所示。

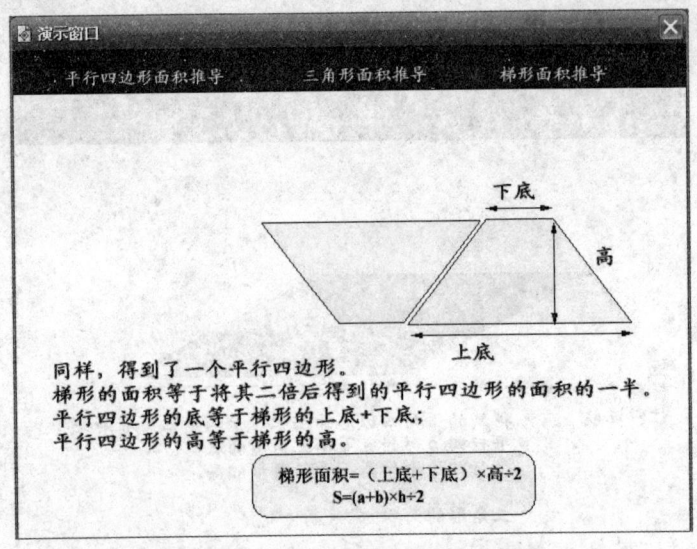

图2-111 梯形面积推导效果图

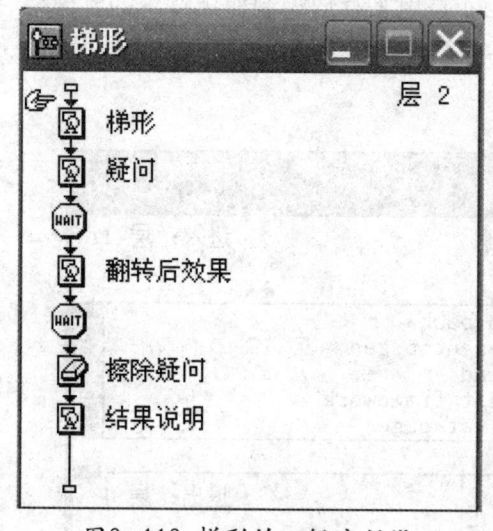

图2-112　梯形的二级流程线　　　　图2-113　主流程线

38．单击保存按钮存盘。

（三）电子相册

1．新建一文件，保存为"电子相册"。

2．在流程线上拖入一个声音图标，命名为背景音乐，通过图标面板上的导入按钮导入已经准备好的背景音乐文件"高山流水"，并在属性面板的计时选项卡里设置声音的执行方式为"同时"。如图2-114所示。

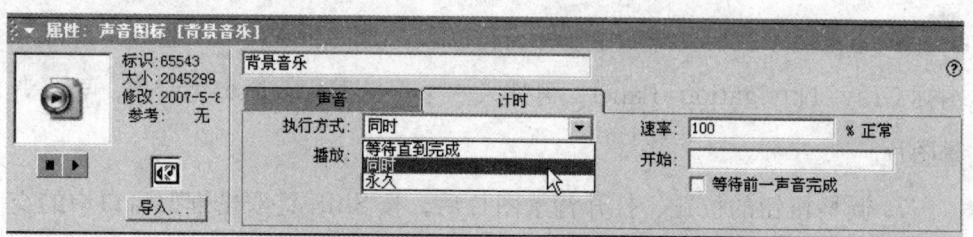

图2-114　声音图标属性设置

3．拖入一个显示图标，命名为封面，导入封面图片。

4．拖入一个等待图标，设置单击鼠标或按任意键，时限8秒。

5．接着拖入一个框架图标，命名为相册。双击该图标，打开框架图标二级流程窗口，如图2-115所示，框架图标由一个显示图标和一个交互图标组组成，显示图标 Gray Navigation Panel 是用来存放控制面板背景的，框架图标提供了控制上下翻页的面板，含有 8 个标准按钮，是有交互图标的按钮交互实现的。如图 2–116 所示。

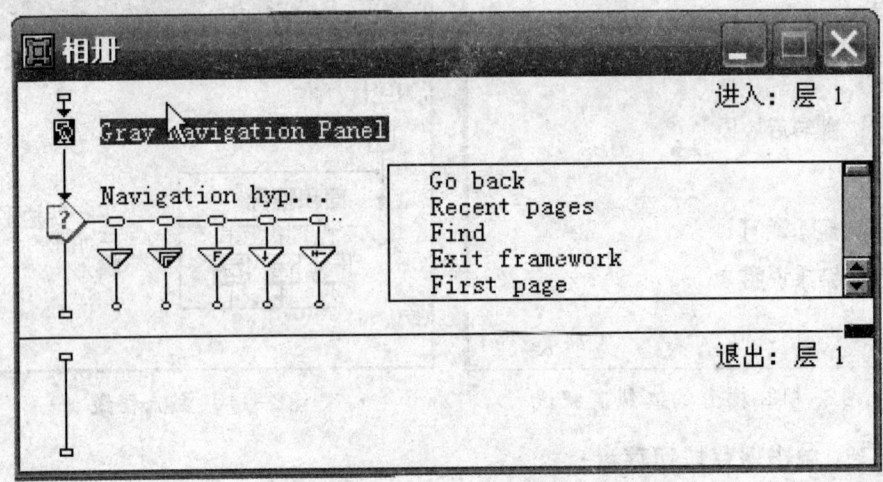

图2–115 框架图标二级流程窗口

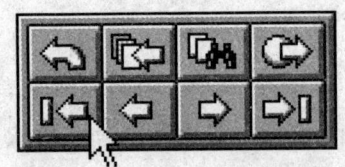

图2–116 框架图标控制面板

6. 本案例中我们要对 8 个按钮进行修改，删除框架二级流程线上的显示图标 Gray Navigation Panel，再拖入一个显示图标，命名为背景，导入背景图片。

7. 调整按钮的位置，打开背景图片后，按 Shift 键双击框架窗口中的交互图标，打开显示窗口，如图 2–117 所示，8 个按钮位于窗口的右上角。

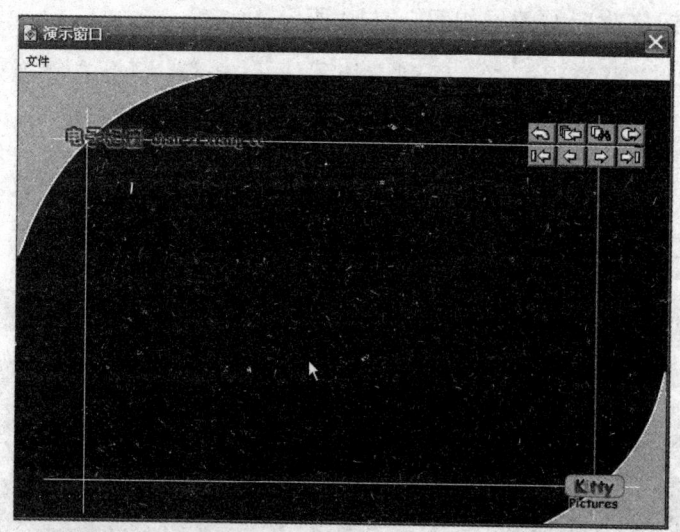

图2-117　框架图标提供的按钮面板的默认位置

8.8个按钮中，有两个按钮不常用，可以直接删除，在框架二级流程线上，交互图标的右侧有8个按钮交互，选中 find 和 rencent page，单击工具栏上的剪切即可。

9. 其余的6个按钮用鼠标拖至显示窗口下方，并对齐排列，对齐方法：选择"修改—排列"，调出排列工具栏，如图 2-118 所示，单击顶端对齐并水平平均排列。

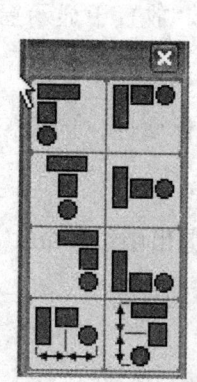

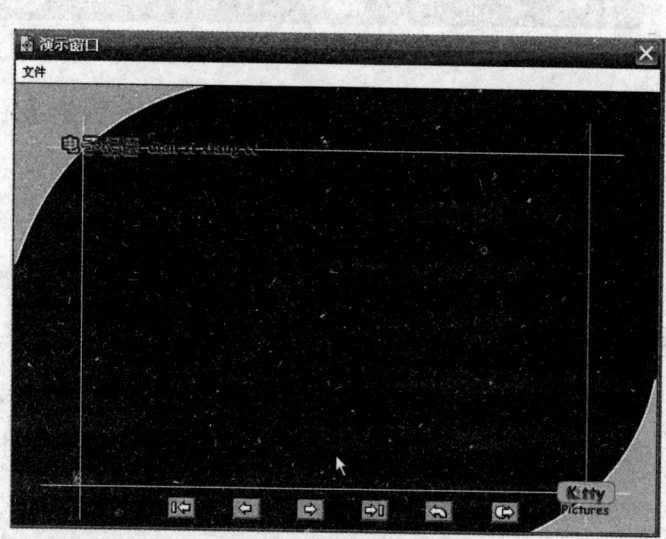

图2-118　排列工具栏　　　　　图2-119　按钮修改后的效果

10. 按钮修改后的效果如图2-119所示。

11. 关闭二级流程窗口，回到主流程线，在框架图标右侧拖入5个显示图标，分别命名为照片1、照片2、照片3、照片4、照片5。每个显示图标导入一张照片，调整照片大小及位置，为每个显示图标设置特效。运行后效果如图2-120所示。

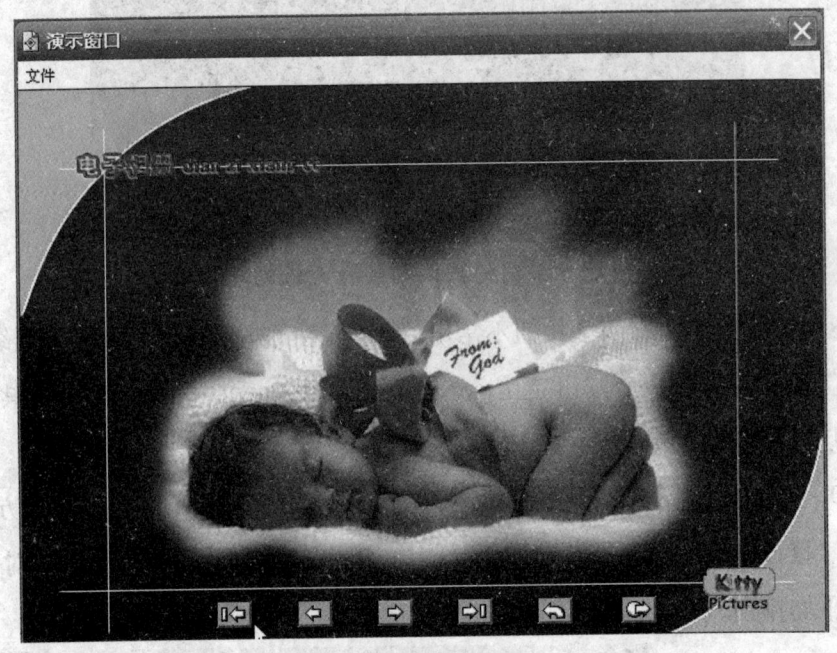

图2-120 最终效果图

12. 在主流程线上拖入一个显示图标，命名为结束语，双击打开后输入文本"制作：小丫"，设置为楷体、加粗、14号字、蓝色，放置于显示窗口右下角。显示特效为激光展示2。

13. 拖入一个等待图标到流程线的下方，设置等待图标属性，选择按任意键或单击鼠标，时限8秒。

14. 拖入计算图标到等待图标下方，双击打开，输入退出函数"quit()"，单击确定，弹出是否保存对话框，单击"是"，单击保存按钮存盘。

15. 最后的主流程线如图2-121所示。

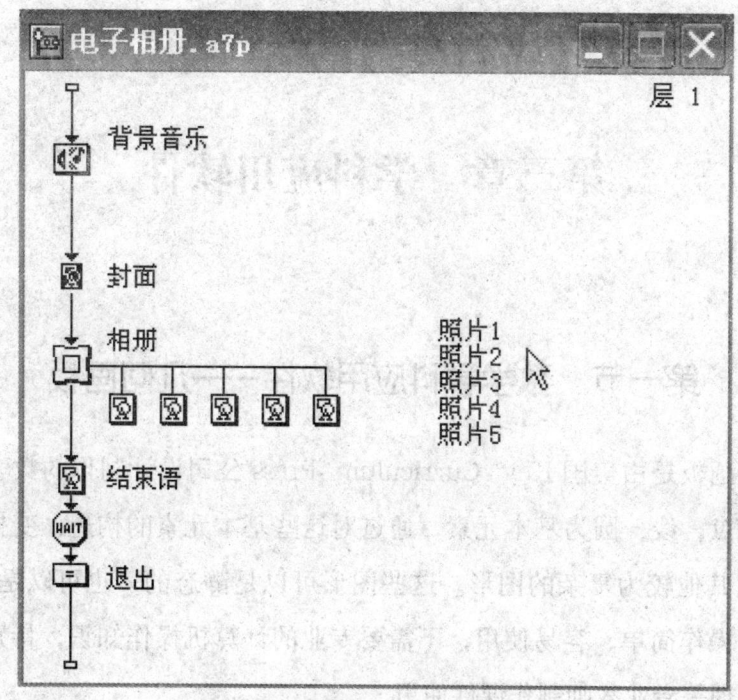

图2-121　主流程线

第三章　学科应用软件

第一节　数学学科应用软件——几何画板

几何画板是由美国 Key Curriculum Press 公司设计制作的数学教学软件，它以点、线、圆为基本元素，通过对这些基本元素的构造、变换、度量等制作出其他较为复杂的图形。这些图形可以是静态的，也可以是动态的。几何画板操作简单，容易使用，不需要专业的计算机操作知识，特别适合于数学、物理等专业教师制作课件使用。

一、界面介绍

几何画板软件对计算机软硬件条件要求较低，安装简单，安装程序可在各大下载网站免费下载，这里不再详细叙述。下面我们主要介绍几何画面的操作界面。其操作界面如图 3-1 所示，它与其他 windows 程序很相似，主要包括标题栏、菜单栏、工具箱、状态栏等。

（一）标题栏

标题栏以蓝色背景显示，左端是软件名称——几何画板，右端是最小化、最大化（还原）和关闭程序三个按钮。

（二）菜单栏

几何画板 5.0 共有 10 个菜单：文件、编辑、显示、构造、变换、度量、数据、绘图、窗口和帮助菜单。

1. 文件菜单：包括新建、打开、保存文件命令以及打印、页面设置等功能。

2. 编辑菜单：主要包括撤销、选择、剪切、复制、粘贴等基础操作，动画的生成也在编辑菜单中实现。

3．显示菜单：主要包括图形图像的显示属性的设置、隐藏或显示图形及标签、生成动画及轨迹跟踪等命令。

4．构造菜单：利用点、线和圆等元素制作基本图形或图像。

5．变换菜单：主要是对图形的一些变换进行操作，包括平移、旋转、缩放、反射。

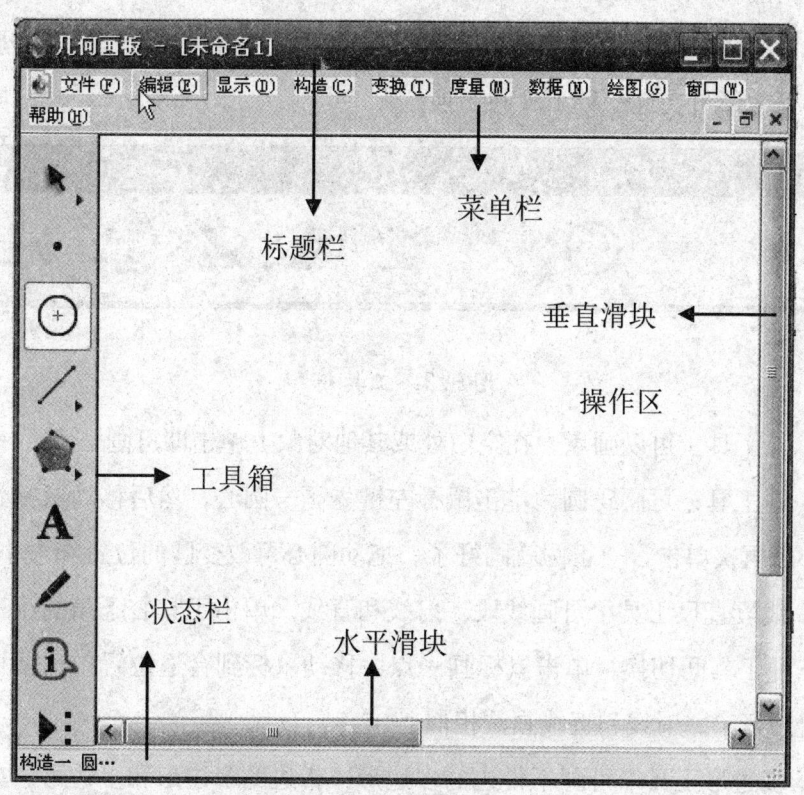

图3-1 几何画板操作界面

6．度量菜单：主要是针对所选对象进行测量和计算，例如长度、角度、弧度、坐标值等，测量值还会随着所选对象的变化而发生相应变化。

7．数据菜单：主要包括新建参数、新建函数、制表、计算等命令。

8．绘图菜单：绘图菜单能绘制函数图像，根据给定的函数方程自动生成函数图像，还包括网格显示、坐标系的定义等绘制函数图像的相关命令。

9. 窗口菜单：当多个几何画板文件同时编辑时，对窗口的显示方式进行设置，包括层叠窗口和平铺窗口，还可实现通过文件名的选取来选择要编辑的文件。

10. 帮助菜单：提供了学习几何画板的网络及本地资源。

（三）工具箱

几何画板 5.0 的工具箱有 9 种，如图 3-2 所示。

1. 移动箭头工具：包括选择对象、旋转对象、缩放对象，单击工具右下角的小三角形可在这三种工具间切换。

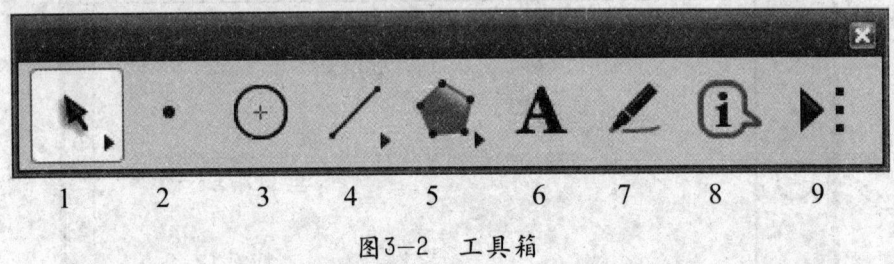

图3-2 工具箱

2. 点工具：可以画点。在空白处或其他对象上单击即可画一点。

3. 圆工具：可画正圆。单击鼠标左键先画一圆心，然后移动鼠标到圆合适大小后再次单击，一正圆就画好了。拖动圆心可改变圆的位置和大小。

4. 线段直尺工具：可画线段、射线和直线。单击工具右下角的小三角形可在三种工具间切换。单击鼠标画一点，移动鼠标到合适位置单击鼠标，一线段就画好了。射线和直线画法相似。

5. 多边形工具：可画不带边的多边形、带边的多边形和多边形。单击工具右下角的小三角形可在三种工具间切换。

6. 文本工具：可在操作区输入解释文本，也可为图形对象加标签。

7. 标记工具：可为图形对象加标记，类似于粉笔在黑板上书写的功能。

8. 信息工具：对所选对象的说明与解释。

9. 自定义工具：自定义新的工具。

二、案例制作

（一）制作基本图形

1.制作任意三角形、正三角形和直角三角形

（1）制作任意三角形

方法一：单击"点工具"，在工作区内任意作三个点，最后一个点处于选中状态；单击"移动箭头工具"，分别单击另外两个点，使三个点都处于选中状态，如图3-3所示；单击"构造"菜单，选择"线段"，如图3-4所示。以这三个点为顶点的三角形就做好了。拖动三角形的任何一个顶点都可随意改变三角形的形状。

方法二：单击"多边形工具"，在工作区单击绘制出第一个顶点；移动鼠标到任意位置再次单击鼠标绘制第二个顶点；移动鼠标到第三个顶点的位置双击，绘制一个三角形。

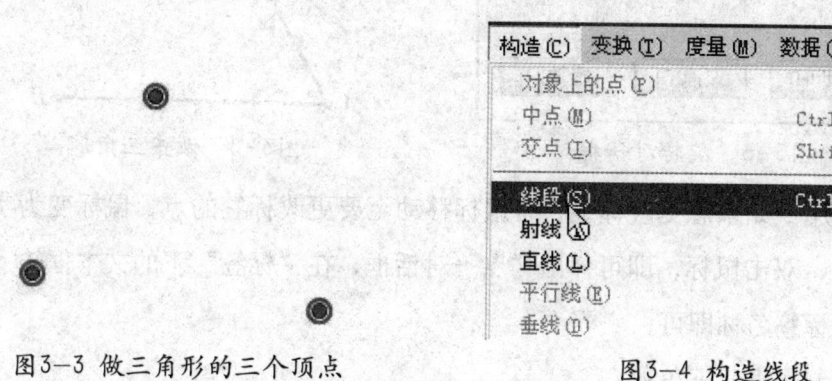

图3-3 做三角形的三个顶点　　　　　　图3-4 构造线段

（2）制作正三角形

思路：正三角形三个内角相等，均为60度，先做三角形的一边，然后旋转60度得到另一边，再连接另外两个顶点即可。

步骤：

①单击"线段直尺工具"，在工作区做一线段；

②点击"文字工具"，鼠标形状变为空心的手型，移动鼠标到线段一端时鼠标变为实心手型，单击鼠标左键，则系统自动为该点添加标签"A"；

③同样的方法为线段另一端点添加标签"B",单击"移动箭头工具"选择 A 点,单击"变换——标记中心",则将 A 点标记为旋转的中心点;

④单击"移动箭头工具",选择 B 点和线段 AB,单击"变换——旋转",弹出旋转对话框,在固定角度(F)中输入 60,如图 3-5 所示。单击旋转按钮返回,并将第三个顶点标记为 C,如图 3-6 所示。点击"线段直尺工具"做线段 BC。

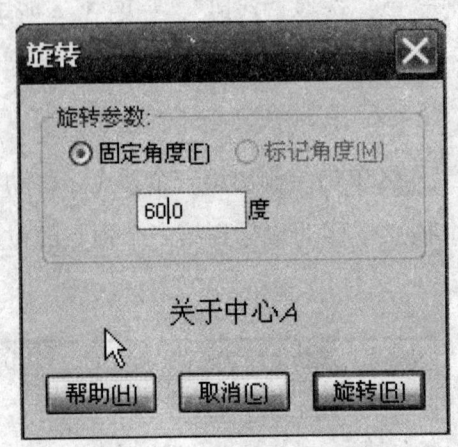

图3-5 旋转对话框

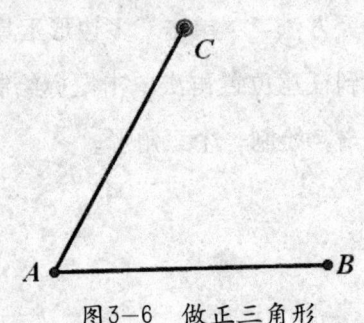

图3-6 做正三角形

小提示:如果想更改标签,将鼠标移动至要更改标签的点,鼠标变为实心手型时,双击鼠标,即可弹出"点"对话框,在"标签"下的文本框输入更改后的标签名称即可。

(3)制作直角三角形

思路:利用直径所对圆周角为 90 度的知识点,做一圆及直径,在圆周上任选一点,与直径两端连接所形成的三角形为直角三角形。

①单击"圆工具",在工作区做一圆形,圆心标记为 O;

②单击"线段直尺工具"右下角的小三角形,在出现的三种工具中选择第三种"直线直尺工具",单击点 O 及圆上任意一点,标记为 A,为圆 O 做一直径。直线与圆的另一交点标记为 B;

③单击"点工具",在圆上任意一点(除 A、B 外)单击,并标记为 C,

如图 3-7 所示；

④选择直线和圆，单击"显示——隐藏对象"，如图 3-8 所示，隐藏圆和直线；

⑤单击"线段直尺工具"做线段 AC、BC、AB，则三角形 ABC 为直角三角形，无论 A 点和 C 点如何移动∠ACB 都为直角。移动点 B 可移动三角形的位置。

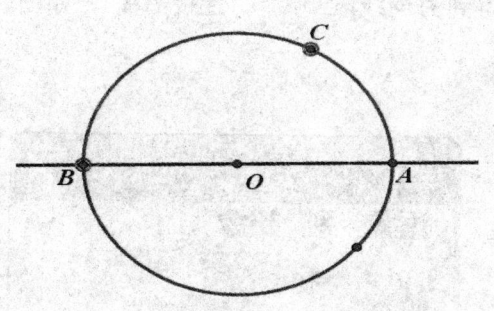

图3-7　做直角三角形

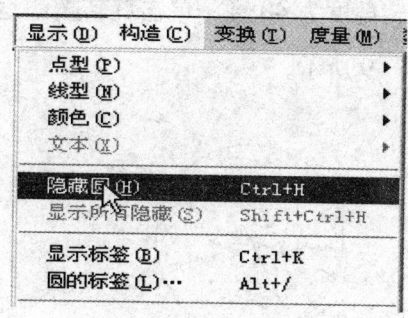

图3-8　隐藏对象

2. 制作正方形与正多边形

（1）制作正方形

思路：利用正方形各内角均为 90 度的知识点，先做正方形一边，再通过顺时针或逆时针旋转即可得到一正方形。

步骤：单击"线段直尺工具"做线段 AB；选中点 A，单击"变换——标记中心"；再选中线段 AB 和点 B，单击"变换——旋转"，在旋转对话框中选择默认角度 90 度，单击旋转按钮返回，得到的线段标记为 AD，得到正方形的一个顶点设为 D；用同样的方法设置 B 点为标记中心，线段 AB 以 B 为中心旋转 90 度，在旋转对话框中将旋转角度设为 90 度，旋转得到另一顶点，设置标签为 C，连接 CD，得到正方形 ABCD。

（2）制作正多边形（本例中我们做正 9 边形）

思路：正多边形的内角均相等，为 360/n（n 为多边形的边数）。正 9 边形的内角为 40 度。先做一圆，通过旋转的方式在圆周上得到一边，再通过"选代"的方式做出其他各边。

步骤：

①单击"圆工具"，在工作区内做一圆，圆心标记为O；再单击"点工具"，在圆周上做一点标记为A；连接OA。

②单击"移动箭头工具"，选择圆心O；单击"变换——标记中心"，再单击点A及线段OA；单击"变换——旋转"，在弹出的旋转对话框中输入旋转角度为40度；单击旋转按钮返回，得到另一线段OA'，连接AA'，如图3-9所示。

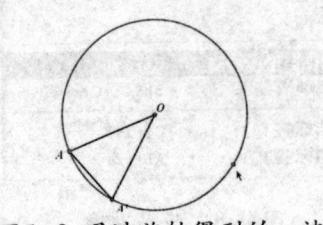

图3-9 通过旋转得到的一边

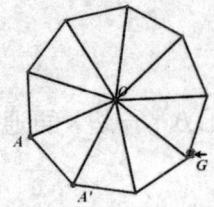

图3-11 通过迭代方式得到的正9边形

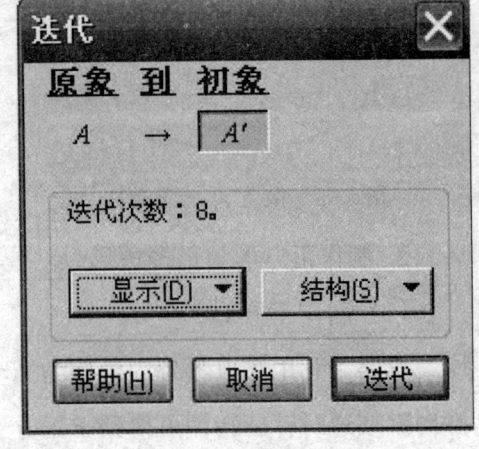

图3-10 迭代对话框

③单击"移动箭头工具"，选择点A；单击"变换——迭代"，弹出迭代对话框，单击A'，迭代次数默认为3，屏幕上共显示4条边，还缺少5条边；按键盘上的"+"键增加迭代次数直到为8（或单击显示按钮，选择增加迭代），迭代对话框设置最终如图3-10所示，单击迭代按钮返回。

④单击"移动箭头工具"选择圆，单击"显示——隐藏圆"，最终得到的正9边形如图3-11所示，拖动点G可以任意改变该图形的大小。

小提示：迭代是按一定的迭代规则，从原象到初象的反复映射过程。原象即是产生迭代序列的初始对象（本例中的A点），初象是原象经过一系列变换操作而得到的象（本例中的 A′），利用迭代功能可以制作出很多复杂的图形，它是几何画板的一个非常有趣的功能。

3. 制作弧形、扇形和弓形

(1) 制作弧形

方法一：单击"点工具"，在工作区做三点，按逆时针选中这三个点，单击"构造——过三点的弧"，即可画出弧形。

方法二：单击"圆工具"，做一圆形；再单击"点工具"，在圆周上做两点，按逆时针方向选择这两个点及圆，单击"构造——圆上的弧"；选中圆，单击"显示——隐藏圆"，将圆隐藏，即得到一弧形。

(2) 制作扇形和弓形

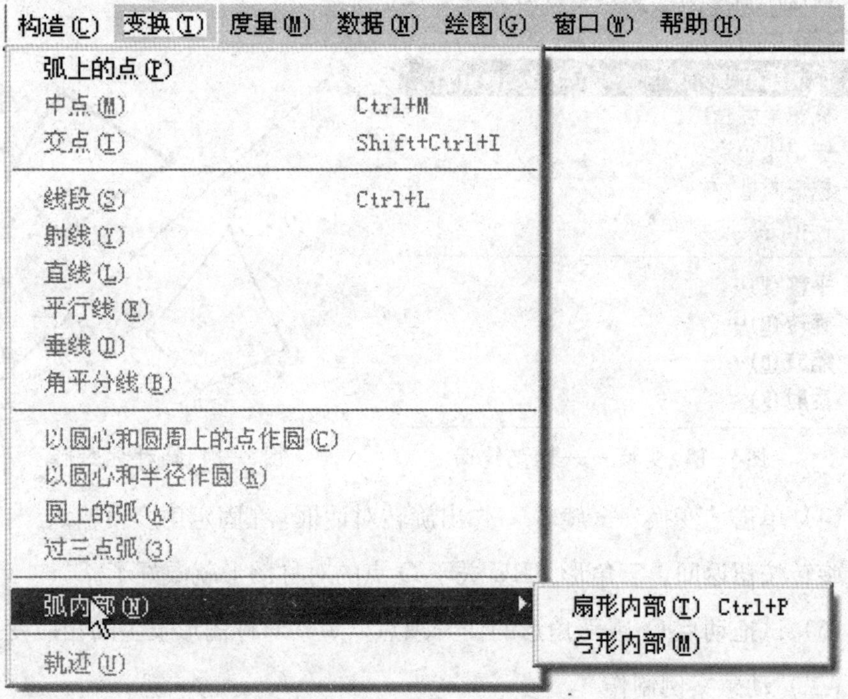

构造(C)	变换(T)	度量(M)	数据(N)	绘图(G)	窗口(W)	帮助(H)

弧上的点(P)	
中点(M)	Ctrl+M
交点(I)	Shift+Ctrl+I
线段(S)	Ctrl+L
射线(Y)	
直线(L)	
平行线(R)	
垂线(D)	
角平分线(B)	
以圆心和圆周上的点作圆(C)	
以圆心和半径作圆(R)	
圆上的弧(A)	
过三点弧(3)	
弧内部(N)	▶
轨迹(U)	

扇形内部(T) Ctrl+P
弓形内部(M)

图3-12　构造——弧内部

做扇形和弓形首先要做一弧形。选中弧形后，单击"构造——弧内部"，再选择扇形内部或弓形内部，如图3-12所示，即可做一扇形或弓形。

4. 制作轴对称图形

(1) 单击"多边形工具",在工作区画一四边形,并标记为 ABCD;

(2) 单击"直线直尺工具"做一直线,此时直线为选中状态;

(3) 单击"变换——标记镜面",如图 3-13 所示,直线被设置为对称轴;

(4) 单击"变换——反射",则四边形 ABCD 的轴对称图形如 3-14 所示;

(5) 试拖动直线或四边形的任一顶点,观察对称图形发生的相应变化。

5. 制作中心对称图形

(1) 单击"线段直尺工具",在工作区做一三角形,并标记为 ABC;

(2)单击"点工具",在三角形右侧做一点,并标记为 O,此时 O 为选中状态;

(3) 单击"变换——标记中心",将 O 点设为旋转中心。

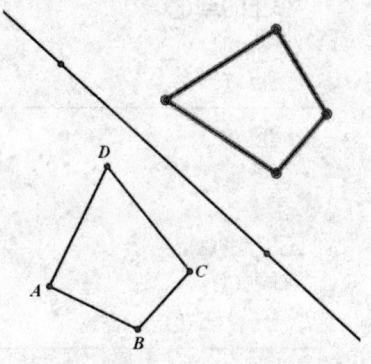

图3-13 变换——标记镜面   图3-14 轴对称图形

(4) 单击"变换——旋转",弹出旋转对话框,在固定角度下输入"180",单击旋转按钮返回。三角形 ABC 关于 O 点的对称图形就做好了。

(5) 试拖动点 O 或三角形的任一顶点,观察对称图形发生的相应变化。

(二) 动感案例制作

1. 制作动态二次函数图像

二次函数表达式为:$y=ax^2+bx+c$。$\Delta>0$ 时,图像与 x 轴有两个交点;$\Delta<0$ 时,图像与 x 轴无交点;$\Delta=0$ 时,图像与 x 轴有一个交点。

（1）新建一个画板文件，单击"文件——保存"，保存名称为"二次函数"。单击"数据——新建参数"，弹出新建参数对话框，如图3-15所示，在名称下输入 a，单击确定按钮返回。

（2）用同样方法新建参数 b 和 c，在工作区则出现三个参数，如图3-16所示。

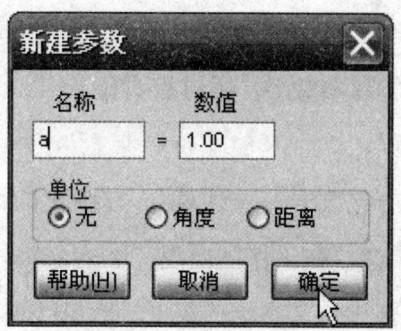

图3-15　新建参数对话框

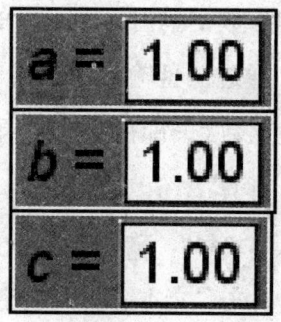

图3-16　参数a、b、c

（3）单击"绘图——绘制新函数"，弹出新建函数对话框，在文本框中输入 ax^2+bx+c。如图3-17所示。

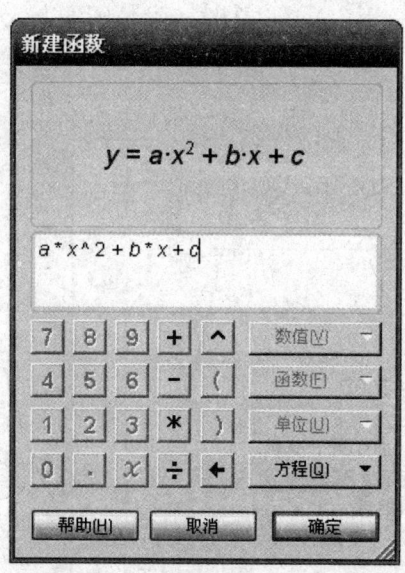

图3-17　新建函数对话框

小提示：其中 a、b、c 是通过单击界面上上一步新建的参数得到的，其他的通过单击新建函数面板输入即可。

(4) 单击新建函数对话框中的方程按钮，选择"符号 y="，使之前面出现"√"。单击确定按钮返回，界面出现相应二次函数图像。

(5) 这时界面里显示的函数方程为 $y=ax^2+bx+c$，为出现动态方程可进行如下设置：单击"文字工具"，在空白处拖出一文本框，通过键盘输入"y="；单击新建参数；单击界面下方的数学符号面板，在出现的面板中选择"xy"，即上标，通过键盘输入"x^2"；单击新建参数 b，通过键盘输入"x+"；再次单击新建函数 c。即得到动态函数方程。

(6) 计算 Δ 值，即 b^2-4ac，单击"数据——计算"，在弹出的计算对话框中输入 b^2-4ac，输入方法与上步相似。在工作区出现"$b^2-4ac=\cdots\cdots$"。

(7) 单击"文本工具"，在空白处拖出一文本框"$\Delta=$"，把"$b^2-4ac=\cdots\cdots$"拖到其后。

(8) 再次单击"文本工具"，在空白处拖出一文本框，输入"当 $\Delta=b^2-4ac>0$ 时，函数图像与 x 轴有两个交点；当 $\Delta=b^2-4ac=0$ 时，函数图像与 x 轴有一个交点；当 $\Delta=b^2-4ac<0$ 时，函数图像与 x 轴没有交点"。最终效果如图 3-18 所示。

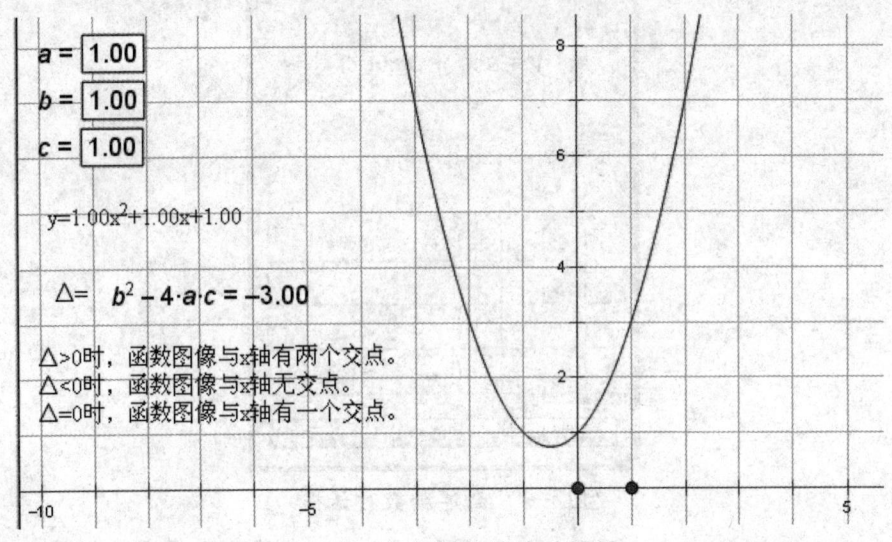

图 3-18 二次函数最终效果图

(9) 当改变参数 a、b、c 的值时，函数图像和函数方程发生相应变化。

2. 做图：已知圆外一点与圆周上一动点，求连接这两点线段上的一点的轨迹。

(1) 新建一几何画板文件，单击"圆工具"在工作区做一圆形，圆心标记为 O，单击"点工具"，在圆周及圆外做两个点，分别标记为 B、D，单击"线段直尺工具"，连接线段 BD。

(2) 单击"点工具"，在线段 BD 上做一点，标记为 C，如图 3-19 所示。

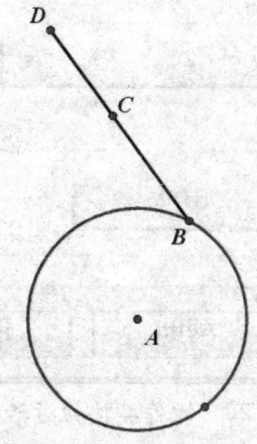

图3-19　圆及圆外一点的连线上的任一点C

(3)单击"移动箭头工具"选择点 B,单击"编辑——操作类按钮——动画",弹出操作类按钮对话框，如图 3-20 所示；在动画选项卡中，方向设为双向，速度为中速;单击标签选项卡，把动画标签改为"动画"，单击确定按钮返回。

(4) 在工作区出现"动画"按钮，单击该按钮，可看到 B 点在圆周上运动的动画 ；再次单击"动画"按钮，动画停止播放。

(5) 单击"移动箭头工具",选择 C 点，单击"显示——追踪点"，单击"动画"按钮，可看到 C 点的运动轨迹为圆。效果如图 3-21 所示。

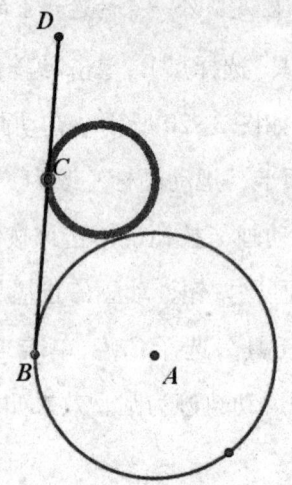

图3-21 C点运动的轨迹为圆

第二节 化学学科应用软件——化学金排

化学金排是专门为化学工作者设计的一款专业排版软件，它基于 Office 工作平台，为广大人群所熟悉，操作简单、快捷，易学易懂，是一款实用性很强的专业学科应用软件。

化学金排可以实现各种化学式、化学方程式、离子方程式、电极反应方程式等内容的输入，大小写和上下标可自动完成；还可实现同位素输入，原子结构示意图、电子式、电子转移标注、有机物结构式、有机反应方程式、反应条件输入，化学常用符号输入，化学实验装置的设计制作，图片图形调整等许多实用功能；另外该软件还可以对试卷进行标准化设计，使其制作更简单方便。

一、界面介绍

第一次启动化学金排 9.8 后会出现提示注册的对话框，如图 3-22 所示，如不注册有些功能不能使用。化学金排中大部分功能是免费的，如想使用所有功能必须注册，注册方法可根据提示注册的对话框进行。

化学金排启动后界面如图 3-23 所示，也是由标题栏、菜单栏、工具栏、状态栏等构成，其界面是在 Word 基础上添加了许多功能。这里主要介绍化学金排界面组成在 Word 基础上增加的功能部分。

（一）菜单栏

化学金排菜单栏比 Word 增加了装置、仪器、化学工具、工具栏、版面 5 个菜单，其主要功能如下：

1. 装置菜单：装置菜单提供了化学实验所用的成套或半成套的装置，如图 3-24 所示。成套的装置有制取氯气成套装置、蒸馏成套装置等；半成套装置有固液加热造气、集气装置、尾气吸收、干燥管、硬质玻璃管加热等。如图 3-25 所示。

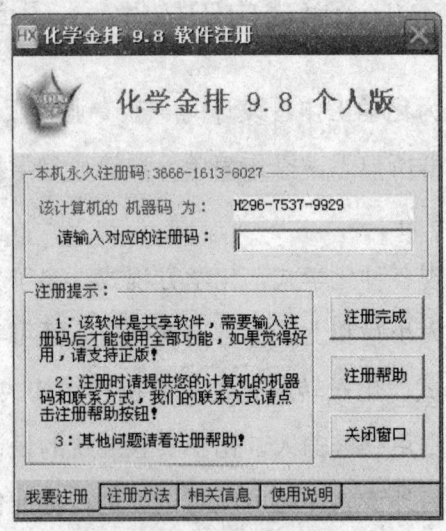

图3-22 提示注册对话框

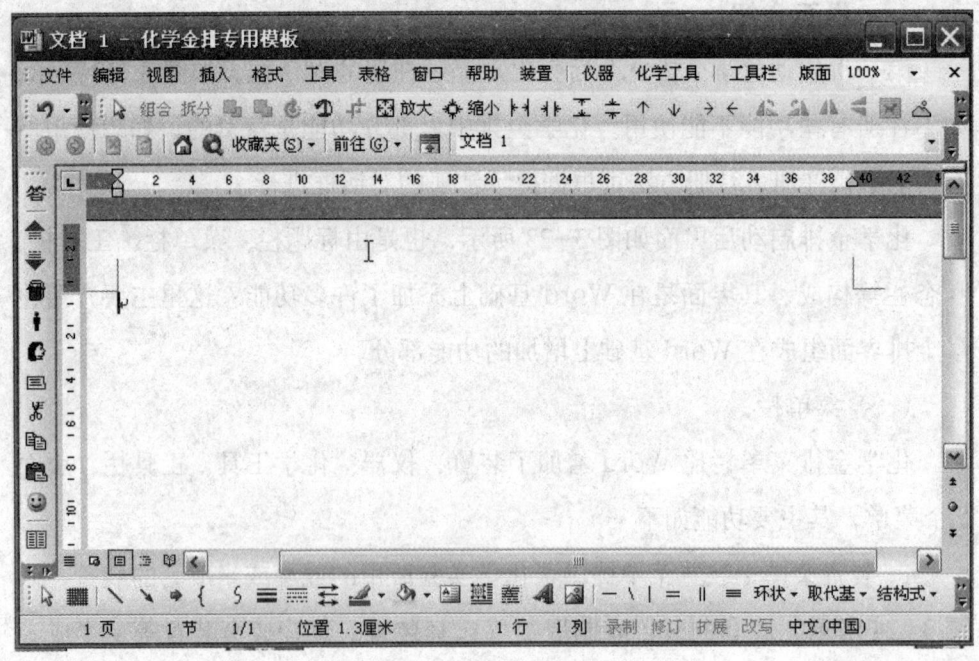

图3-23 化学金排界面

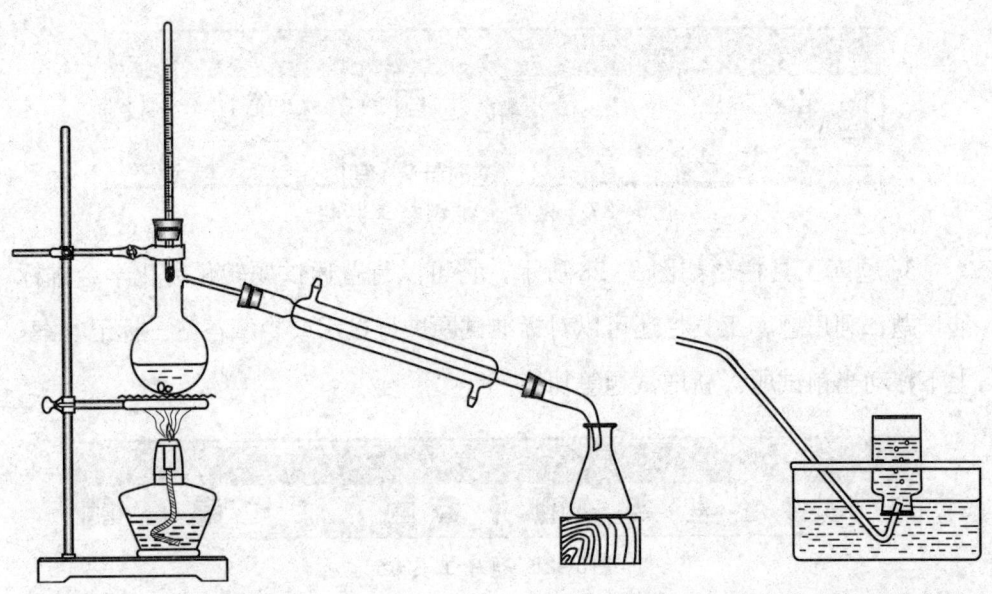

图3-24 成套蒸馏装置　　　　　　图3-25 排气集气法收集气体

2. 仪器菜单：在仪器菜单中可输入单个化学仪器，用于对化学实验装置的组装，例如启普发生器、试管烧瓶、铁架台、辅助仪器、集气瓶、酒精灯等。

3. 化学工具菜单：该菜单可以实现方程式配平与美化、同位素输入、化合价标注、原子结构示意图的输入及试题库的相关设置等功能。

4. 工具栏菜单：工具栏菜单提供了化学金排的使用工具，包括常用工具栏、化学金排调整、题库、绘制有机图形、晶体结构式、电子式的输入等功能。

（二）工具栏

1. 常用工具栏：常用工具栏与 Word 相似，如图 3-26 所示，包含了新建、保存、文本格式设置等基本功能。

图3-26　常用工具栏

2. 化学金排调整工具栏：如图 3-27 所示，包含了对化学对象如化学仪器图形、机构式等的组合、拆分旋转、放大、缩小、微调等功能。

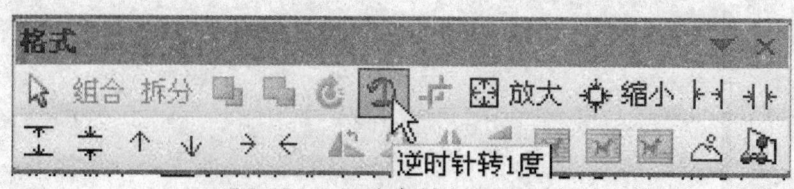

图3—27 化学金排调整工具栏

3. 题库工具栏：如图 3—28 所示，它可以将普通试题转化为化学金排标准试题，利用题库工具栏还可以对标准试题进行显示或隐藏答案、标记答案、上下移动当前试题、新增试题等功能。

图3—28 题库工具栏

4. 绘图有机工具栏：如图 3—29 所示，该工具栏提供了绘制有机结构图所需的大部分形状，例如箭头、直线、大括号、文本框、结构键、环状、取代基、部分有机分子结构式等。

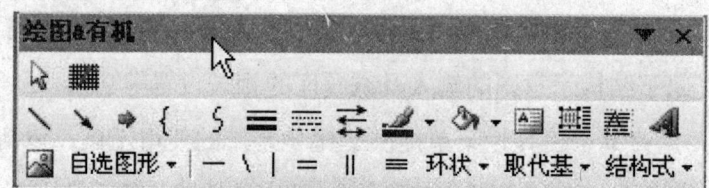

图3—29 绘图有机工具栏

5. 其他工具栏：化学金排还包含了化学符号、晶体结构、电子式电子转移、有机机团、试卷转化与处理等工具条。

（三）化学输入窗

化学输入窗是化学金排最有特色的功能，如图 3—30 所示，在化学输入窗中输入分子式、离子、化学反应方程式等，不用区分大小写、上下标等，可以不用记住任何规则，方便快捷。

图3—30 化学输入窗

二、案例分析

（一）基本符号的输入——"化学工具"菜单的使用

1. 分子式、离子式的输入

（1）分子式的输入

在化学金排中输入分子式有两种方法：一是在 Word 界面里直接输入；二是在"化学输入窗"中输入。

①在 Word 界面里直接输入：鼠标在 Word 界面中要输入分子式的位置单击，在键盘上按下大小写锁定键（Caps lock），使当前输入处于大写状态。例如：输入 $FeOH_3$，然后按"回车"键，即可得到分子式 $Fe(OH)_3$（氢氧化铁）。

②利用"化学输入窗"输入：在 Word 界面里要输入分子式的位置单击，在键盘上按下大小写锁定键（Caps lock），使当前输入处于大写状态。在"化学输入窗"中输入"$FeOH_3$"，然后按"回车"键，也可得到分子式 $Fe(OH)_3$。

（2）离子式的输入

离子式的输入方法与分子式相似，在待输入的位置单击，定位光标，按下大小写锁定键，使当前输入处于大写状态。在"化学输入窗"中输入 FEL，按"回车"键，即可得到 Fe^{3+}（铁离子）。若想得到亚铁离子则必须输入相应化合价数值，例如在"化学输入窗"中输入 FE2L，然后按"回车"键，即可得到 Fe^{2+}（亚铁离子）。

小提示：在输入离子时，如不写化合价数字则为默认值。

2. 同位素的输入

同位素是具有相同质子数、因而在元素周期表中的位置相同、但质量数不同的一组核素。同位素的写法一般为在元素符号的左上角标上原子量，左下角标上质子数，例如：$^{16}_{8}O$（氧元素的同位素之一）。氧含有三种同位素，即 $^{16}_{8}O$、$^{17}_{8}O$ 和 $^{18}_{8}O$。在化学金排中如何输入氧元素的三种同位素呢？步骤如下：

（1）在要输入的位置单击鼠标，输入氧元素 O。鼠标在字母 O 前单击，将光标定位在 O 的前面。

(2)如图 3-31 所示，单击"化学工具——同位素"，打开"同位素输入窗口"对话框，如图 3-32 所示。单击 6 文本框处，重新输入 8，单击 12 文本框处，重新输入 16。单击"确定"按钮返回，得到氧元素的一个同位素 $_{8}^{16}O$。用同样方法可以得到另外两个同位素 $_{8}^{17}O$ 和 $_{8}^{18}O$。

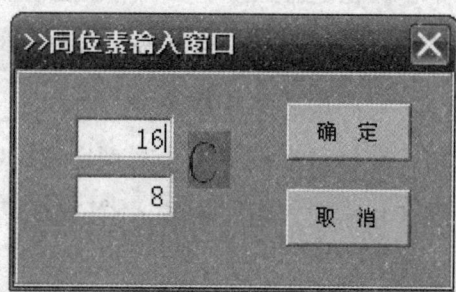

图3-31　化学工具——同位素　　　图3-32　同位素输入窗口

3.化合价标注——Fe 元素化合价的标注

单击"化学工具——化合价标注"，弹出"元素标化合价"对话框，如图 3-33 所示，在输入化合价位置输入 +3，在输入元素符号位置输入 Fe，单击"确定"按钮返回，即为铁元素标注了化合价，效果为：$\overset{+3}{Fe}$。

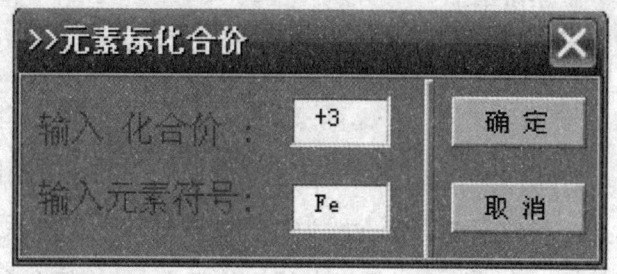

图3-33　元素标化合价窗口

4.制作原子结构示意图

原子结构示意图是表示核电荷数和电子层排布的图示形式。小圈和圈内的数字表示原子核和核内质子数，弧线表示电子层，弧线上的数字表示该层的电子数。核外电子是从里到外分层排列的。第一层最多 2 个电子，第二层最多 8 个电子，最外层不超过 8 个电子。倒数第二层不超过 18 个电子，倒数第三层最多不超过 32 个电子。

化学金排提供了第二到第四层的结构模型，多余 4 层的可用"原子结构示意图"进行相关设置。

（1）制作 3 层的原子结构示意图——"S"原子的结构示意图

"S"的核外电子层数为 3，单击"化学工具——原子结构示意图 3 层"，得到如图 3-34 所示的图形，将核电荷数 17 改为 16，将最外层的数字 7 改为 6，即得到"S"的原子结构示意图，如图 3-35 所示。

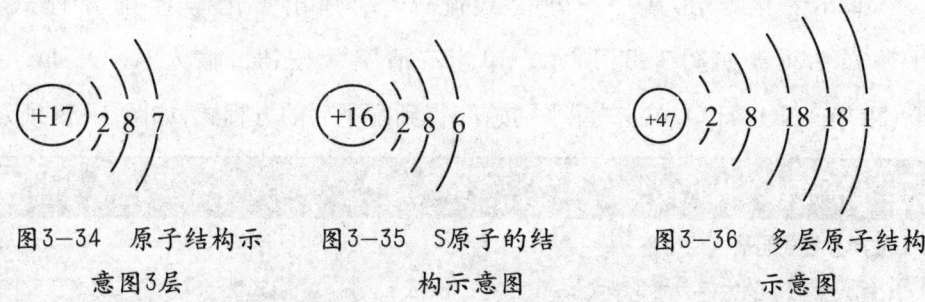

图 3-34　原子结构示　　图 3-35　S 原子的结　　图 3-36　多层原子结构
意图 3 层　　　　　　　构示意图　　　　　　示意图

（2）制作多层原子结构示意图——Ag（银）的原子结构示意图

单击"化学工具——原子结构示意图"，打开"原子结构示意图"对话框，在质子数后面输入 47，每层电子数会自动呈现，单击"确定"按钮返回。结果会得到如图 3-36 所示的 Ag 原子结构示意图。

5. 化学方程式的输入、配平与美化

（1）输入化学方程式：$2SO_2 + O_2 \xrightarrow[\triangle]{催化剂} 2SO_3$

①将鼠标定位于要输入的位置，按键盘上的 Cops lock 键，将输入状态改为大写。在"化学输入窗"中输入"$2SO_2 + O_2$"，之后单击"化学输入窗"右侧的"化学百宝箱"，打开"化学百宝箱"工具条，如图 3-37 所示；单击"条件"，在反应条件的两条横线上方单击，选择条件为"催化剂"；在两条横

线的下方单击,选择条件为"△"加热。单击"输出到输入窗"按钮,返回"化学输入窗"编辑状态。

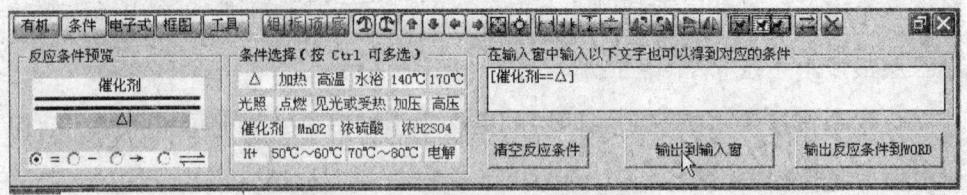

图3-37 化学百宝箱工具条

②接着在"化学输入窗"中输入"$2SO_3$",按回车键,即得到如下方程式:

$2SO_2+O_2 \xrightarrow[\triangle]{\text{催化剂}} 2SO_3$

(2) 配平方程式:$HNO_3+Fe === Fe(NO_3)_2+NO+H_2O$

单击"化学工具——方程式配平",弹出"化学金排方程式配平"对话框,如图3-38所示。单击"清空"按钮,输入$HNO_3+Fe ===$ $Fe(NO_3)_2+NO+H_2O$,单击"配平"按钮,得到配平后的方程式,如图3-39所示。

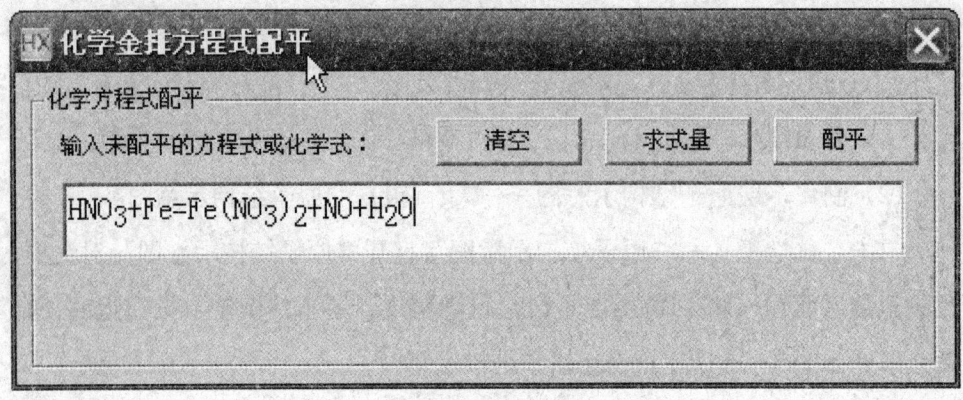

图3-38 方程式配平对话框

(3) 方程式美化

单击"化学工具——方程式美化",弹出警告对话框,如图3-40所示。

小提示:"下面将要对当前文档中的化学方程式、数学算式等进行美化(插入一些空格)是否继续"。单击"是"按钮,则整篇文档中的方程式被美化。

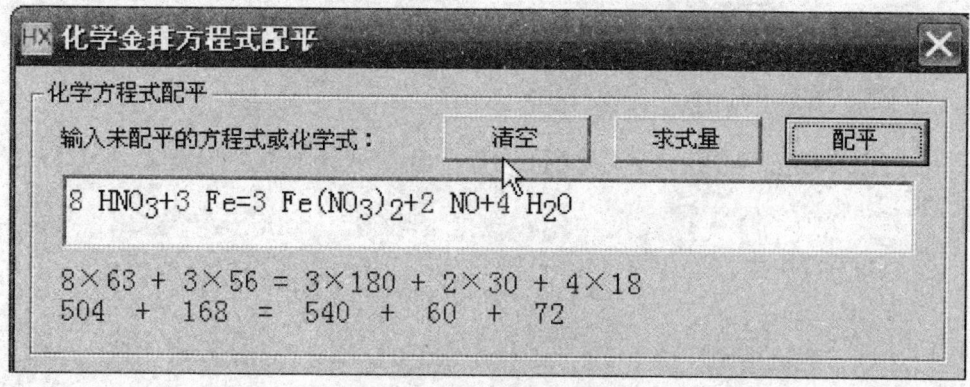

图3-39 方程式配平结果

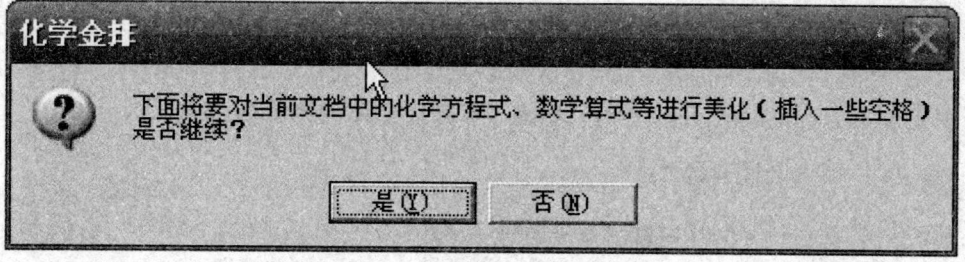

图3-40 方程式美化提示对话框

$8NHO_3 + 3Fe=3Fe(NO_3)_2 + 2NO \uparrow + 4H_2O$ 　　　美化前效果

$8NHO_3 + 3Fe = 3Fe(NO_3)_2 + 2NO \uparrow + 4H_2O$ 　　美化后效果

（二）复杂结构式的输入——"工具栏"菜单的使用

1. 制作有机结构式

（1）输入 2- 甲基 -4- 乙基 -3- 庚醇，如图 3-41 所示。

$$CH_3-\overset{\overset{\displaystyle CH_3}{|}}{CH}-\overset{\overset{\displaystyle OH}{|}}{CH}-\underset{\underset{\underset{\displaystyle CH_3}{|}}{\overset{\displaystyle CH_2}{|}}}{CH}-CH_2-CH_2-CH_3$$

图3-41 2-甲基-4-乙基-3-庚醇的有机结构式

①单击"工具栏——有机机团（3）"，打开有机机团（3）工具条，如图 3-42 所示，在该工具条中选取 4 个 CH_3，3 个 CH，3 个 CH_2，注意键的方向。

· 117 ·

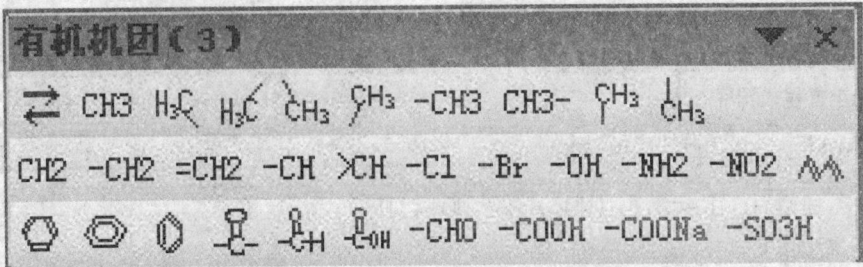

图3-42 有机机团（3）工具条

②在"有机机团"里"OH"的键是水平的，即"—OH"，单击该文本框，将"OH"前面的"—"符号删除即可得到"OH"，然后按如图3-41所示的形式进行组合。

③此时在"OH"下还缺少一个竖向的键，单击"工具栏——有机机团"，单击竖直方向的键，并放置到"OH"下方，整体效果如图3-41所示。

（2）输入间硝基苯甲酸

①打开"有机机团"工具条，选择苯1和"—NO₂"，得到一苯环和一个硝基。用与上步同样的方法将"—NO₂"前面的"—"符号删掉。

②打开"有机机团3"工具条，选择"—COOH"。用与上步同样的方法删除"—COOH"前面的"—"符号。

③将三个图形按如图3-43所示位置组合，单击"有机机团"工具条中的竖向的直线工具，得到一竖线，连接"NO₂"和苯环。再次单击竖线，并调整竖线的方向后连接苯环与"COOH"。最终效果如图3-44所示。

图3-43 有机机团的排列方式　　　图3-44 间硝基苯甲酸结构图

小提示：垂直方向的竖线调整至倾斜，可用"化学金排调整"工具条中的自由旋转工具，将竖线调整至合适位置。

2．电子式的输入

一般情况下，我们在原子周围用 HNO_3 来表示原子的最外层电子，即电子式。用电子式可以表示原子、离子和单分子，也可用来表示共价化合物和离子化合物的形成过程。

（1）原子电子式的输入

①单击"工具栏——电子式电子转移"，弹出"电子式电子转移"工具条，如图 3-45 所示。化学金排提供了部分原子电子式和离子电子式，例如 H、Mg、Al、C、氟离子、氯离子、硫离子等，若要输入可直接单击"电子式电子转移"对话框中的"原子电子式"或"离子电子式"，选择相应的原子或离子即可得到相应的原子或离子式，例如

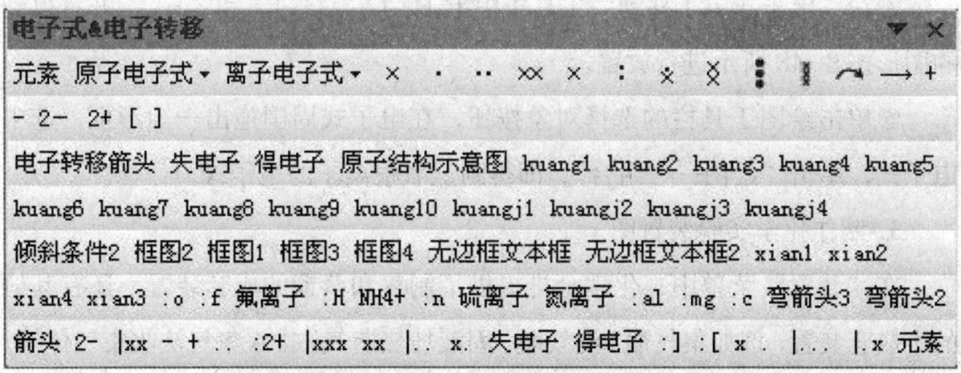

图3-45 电子式电子转移对话框

②若系统没有提供相应的电子式或离子式，如 P（磷），则可自行输入。单击"工具栏——电子式电子转移"，打开"电子式电子转移"对话框，单击"元素"，在界面会出现一文本框"Ca"，单击并将其改为 P，单击小黑点，得到一小黑点，通过 4 次复制、粘贴，共得到 5 个小黑点，将其分别放置在 P 的上下左右。

③单击"绘图"工具栏中的"选择对象"按钮，画一矩形框，将 5 个小黑点和 P 框起来，使之处于选中状态，单击"绘图——组合"。

小提示：在移动小黑点的时候，可用键盘上的上下左右移动键进行微移，也可用"化学金排调整"工具条中的微移按钮进行调整。

(2) 离子电子式的输入——OH⁻的输入

①单击"化学工具——电子式电子转移",弹出"电子式电子转移"工具条,单击"元素",得到一文本框"Ca",将"Ca"改为"O"。

②分别单击两次·· 和 ¨ ,并将其放置到"O"的上下左右,如图 3-46 所示。

③用同样方法制作出"H",将"H"放置在"O"的右侧,如图 3-47 所示。可用键盘上的上下左右移动键或是"化学金排调整"工具来微调相对位置。

图 3-46    图 3-47 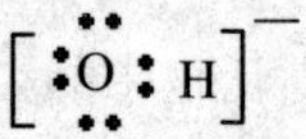   图 3-48

④在"电子式电子移动"工具条中单击"["、"]"和"—",并将得到的图形按 3-48 所示进行放置。

⑤单击绘图工具栏的选择对象按钮,在电子式周围拖出一矩形框,选中电子式,单击"绘图——组合",即得到氢氧根离子的电子式。

3. 制作化学实验装置图

在"装置"菜单中,化学金排提供了制氯和蒸馏的成套装置,还有其他的半成套装置,例如集气瓶、洗气瓶、固液加热造气、排水集气法收集气体等。需要的时候可直接单击得到相应的装置。本例中我们制作实验"验证氨气与氧化铜反应"装置。具体步骤如下:

(1) 单击菜单"装置",选择"固液不加热造气"和"干燥管",并将得到的两装置连接,如图 3-49 所示。

(2) 单击菜单"装置——硬质玻璃管加热",将得到的装置选中后,单击"化学金排调整工具栏"中的"水平翻转"按钮,该装置进行了水平翻转。翻转前后效果如图 3-50 所示。

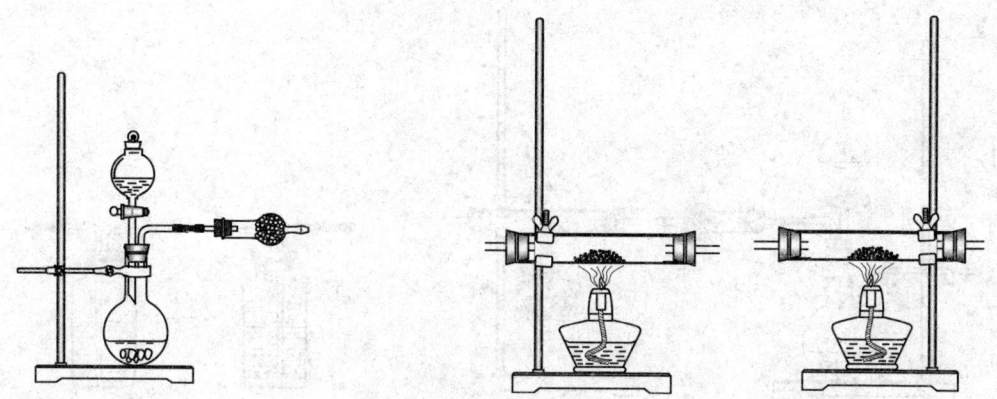

图3-49　固液不加热造气与干燥管连接　图3-50　翻转前与翻转后的硬质玻璃
管

（3）上一步得到的"硬质玻璃管加热"装置与"固液不加热造气"装置相比大些，因此我们要调整其大小。选择"硬质玻璃管加热"装置，右击选择"组合——取消组合"。

（4）选中硬质玻璃管，单击"化学金排调整"工具条上的"缩小"按钮，将其缩小到合适大小，再用同样的方法将酒精灯调整至合适大小。调整好的效果如图3-51所示。

（5）单击菜单"仪器→铁架台等→木块"，为酒精灯下添加一木块，缩小至合适大小放置在酒精灯下。选择硬质玻璃管、酒精灯、木块、铁架台，单击右键选择"组合——组合"，则硬质玻璃管加热装置又重新组合。

（6）单击"装置——干燥管"，得到干燥管2，与硬质玻璃管右侧相连接。

（7）单击"装置——洗气瓶2"，将得到的洗气瓶与干燥管2相连接。

（8）单击"装置——洗气瓶2"，得到另一洗气瓶，水平翻转后与前一洗气瓶相连接。翻转前后洗气瓶如图3-52所示。

（9）单击"仪器——量筒"，得到的量筒相对大些，缩小到合适大小放置在集气瓶的右侧。

（10）单击"仪器——辅助仪器——直角弯玻璃管（短）"，将得到的直角玻璃管水平翻转后连接集气瓶与量筒。

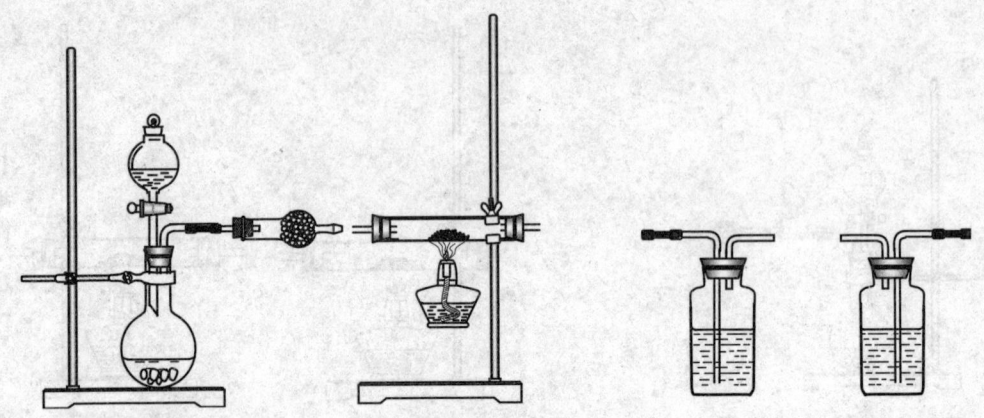

图3-51 调整好大小的硬质玻璃管   图3-52 翻转前后的洗气瓶

（11）玻璃弯管遮挡住了集气瓶的胶管部分，单击直角玻璃弯管，右击后在弹出的快捷菜单中选择"叠放层次——置于底层"。

（12）两次选择"仪器——辅助工具——橡胶管"，得到两个橡胶管，分别连接干燥管与硬质玻璃管和两个集气瓶之间的连接。

（13）单击"仪器——固体液体——洗气瓶液体"，将所得液体图形放置在右侧集气瓶内，使之看起来是满瓶的水。

（14）单击绘图工具栏的"选择对象"按钮，将所做图形用矩形框框起来，右击选择"组合——组合"，将整个实验装置图组合为一个整体，最终效果如图 3-53 所示。

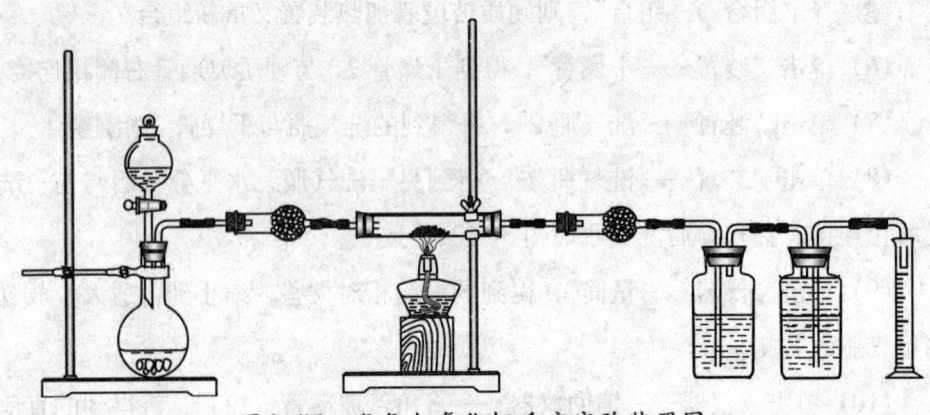

图3-53 氨气与氧化铜反应实验装置图

第三节　金排物理画板与金排生物画板

金排物理画板和金排生物画板是专门为物理和生物工作者而设计的软件，与化学金排类似，都是基于 Office 工作平台，在 Word 功能基础上增加了很多相关专业的设计功能，下面我们将从界面和案例两个方面来分别介绍金排物理画板和金排生物画板。

一、金排物理画板

（一）金排物理画板界面及功能简介

启动金排物理画板后界面如图 3-54 所示，与化学金排界面非常相似。金排物理画板也是在 Word 界面基础上增加了物理相关设计功能，主要的不同表现在菜单栏，菜单栏比 Word 增加了"题库系统"、"试卷与版面"和"金排工具"三个菜单。其中"题库系统"、"试卷与版面"大多是针对试卷的设计功能,这两项功能与化学金排基本一致，而不同则表现在"金排工具"菜单中，下面我们将主要介绍金排工具菜单的使用。

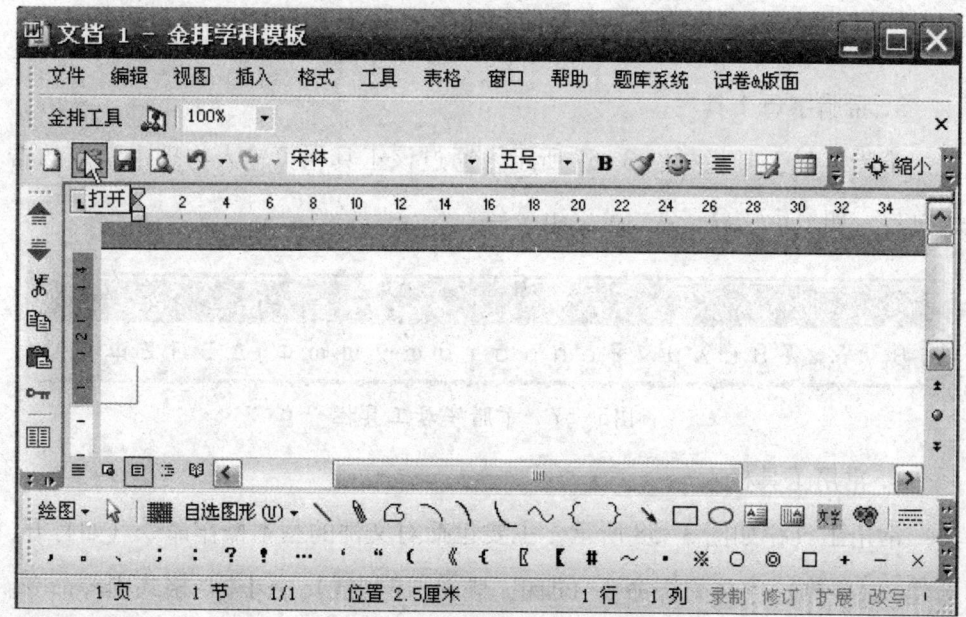

图3-54　金排物理画板界面

1. 数字序号工具栏

数字序号工具栏如图 3-55 所示，可插入多种形式的数字序号，如"①、②、③、Ⅰ、Ⅱ、Ⅲ、(1)、(2)、(3)"等形式。

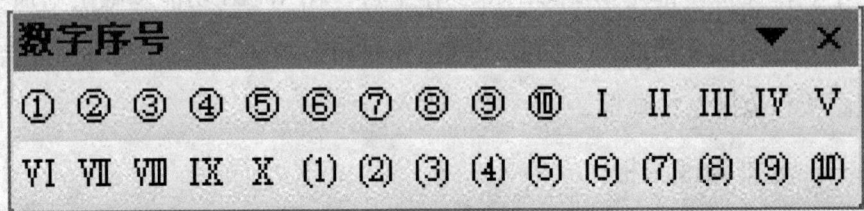

图3-55　数字序号工具栏

2. 数学符号工具栏

数学符号工具栏如图 3-56 所示，主要用于输入数学学科常用符号，其在物理公式等输入时会经常使用。如"±、⊥、△、℃、Σ、∞"等。

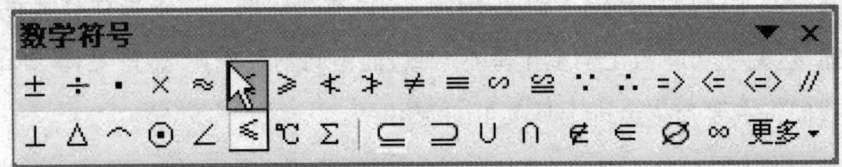

图3-56　数学符号工具栏

3. 希腊字母工具栏

希腊字母工具栏如图 3-57 所示，通过该工具栏可输入物理中常用的希腊符号，如"φ、Ω、△、ρ、μ"等。

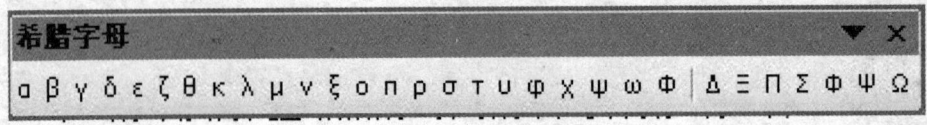

图3-57　希腊字母工具栏

4. 常用工具栏

常用工具栏如图 3-58 所示，主要包括对文件的基本操作命令（如打开、新建、保存等）、字体修饰命令（加粗、倾斜、下划线）、上小标、格式刷等命令。

图3-58　常用工具栏

5.金排绘图工具栏

金排绘图工具栏如图 3-59 所示，通过绘图工具栏除了可以绘制一些基本图形，与 Word 相比还多出了自由曲线的绘制，圆弧、抛物线、反比例曲线、正弦函数图形的绘制等功能。

图3-59　金排绘图工具栏

6.金排调整工具栏

金排调整工具栏如图 3-60 所示，该工具栏可实现对图形的放大、缩小、旋转、紧缩、扩展、微移等功能。

图3-60　金排调整工具栏

7.金排公式工具栏

金排公式工具栏如图 3-61 所示，该工具栏提供了物理公式输入所需的各种模板，如分式、向量、上小标等。

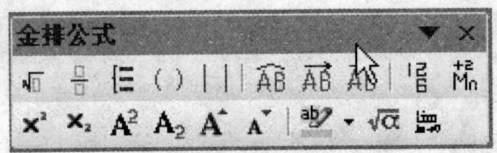

图3-61 金排公式工具栏

8. 金排题库工具栏

金排题库工具栏如图 3-62 所示，金排物理画板提供了标准的试题模式，通过题库工具栏可对标准化后的试题进行修改，如隐藏、显示、标记答案，普通试题转化为标准化试题等功能。

图3-62 题库工具栏

9. 学科工具栏

学科工具栏是物理金排画板最具特色的功能之一。如图 3-63 所示，该工具栏提供了 9 大类物理工具，主要包括：力学、热学、实验、电场、电路图、实物图、光学、磁学等。利用该工具栏可轻松绘制电路图、实物图、实验装置图等各种物理图形。

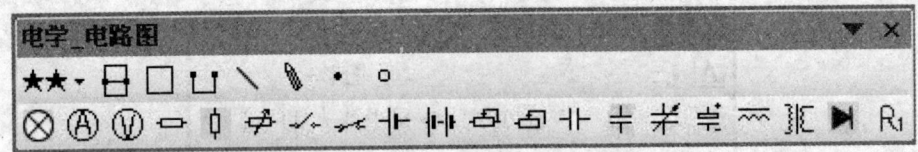

图3-63 学科工具栏

(二) 金排物理画板案例分析

1. 输入物理公式

(1) 浮力公式 ($F = \rho_{液} g V_{排}$)

①将光标定位在要输入的位置，输入"$F = \rho_{液} g V_{排}$"，其中"ρ"的输入通过单击菜单"金排工具——希腊字母"，弹出"希腊字母"工具，单击字母"ρ"即可插入。

②设置下标：单击菜单"金排工具——金排公式"，弹出"金排公式"工具栏，选中文本"液"，单击"高级下标"按钮，如图3-64所示。同样方法设置文本"排"为高级下标。最终效果为："$F=\rho_{液}gV_{排}$"

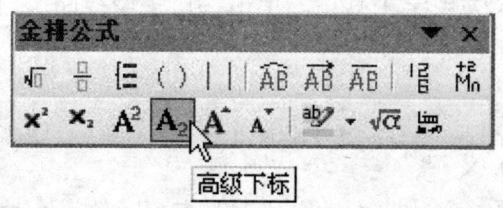

图3-64 金排公式工具栏中高级下标按钮

(2) 单摆周期公式（$T=2\pi\sqrt{\dfrac{L}{g}}$）

①将光标定位在要输入的位置，输入"$T=2\pi L/g$"，其中"π"的输入通过单击"物理输入窗"中的"学科符号"按钮，弹出"学科符号"工具栏，如图3-65所示，选择"物理"，在出现的物理符号中单击"π"，即可插入。

②选中"$\dfrac{L}{g}$"，单击"金排公式"工具栏中的"分式"按钮，则"$\dfrac{L}{g}$"变为"$\sqrt{\dfrac{L}{g}}$"。

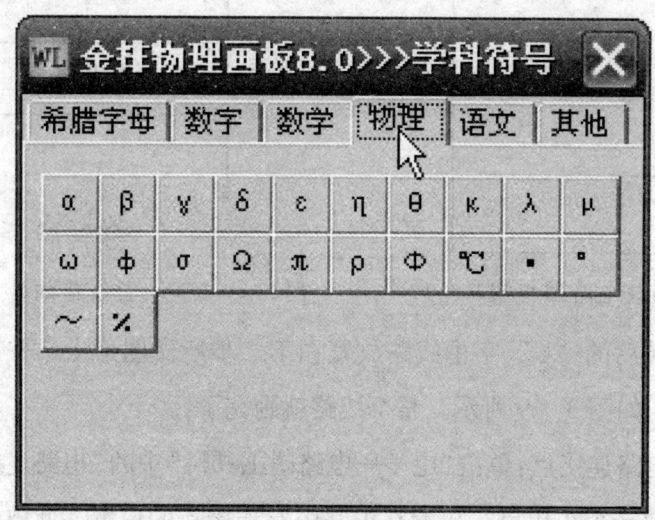

图3-65 学科符号工具栏

③选中"$\dfrac{L}{g}$"，单击"金排公式"工具栏中的"根式"按钮，则"$\dfrac{L}{g}$"变为"$\sqrt{\dfrac{L}{g}}$"，整个公式输入完毕：$T=2\pi\sqrt{\dfrac{L}{g}}$。

小提示：输入分式的时候分子分母间用"／"隔开。

2. 绘制电路图

①单击菜单"金排工具——学科工具栏"，打开如图 3-66 所示的"学科工具栏"，默认状态为电学工具栏。单击"口字型线路"，得到口字型线路并调整至合适大小。

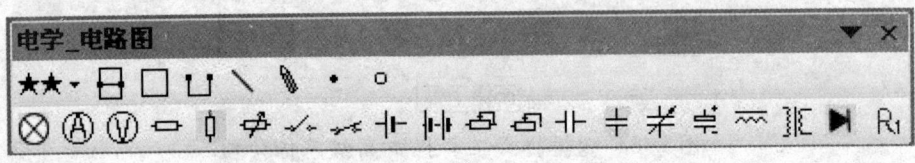

图3-66 学科工具栏——电学—电路图

②单击"电学—电路图"工具栏中的直线工具，按 shift 键在口字型线路上画两条直线。效果如图 3-67 所示。

③单击"U 字型线路"，得到一"U"形线路，单击调整工具条中的"垂直翻转"按钮，翻转前后效果如图 3-68 所示。

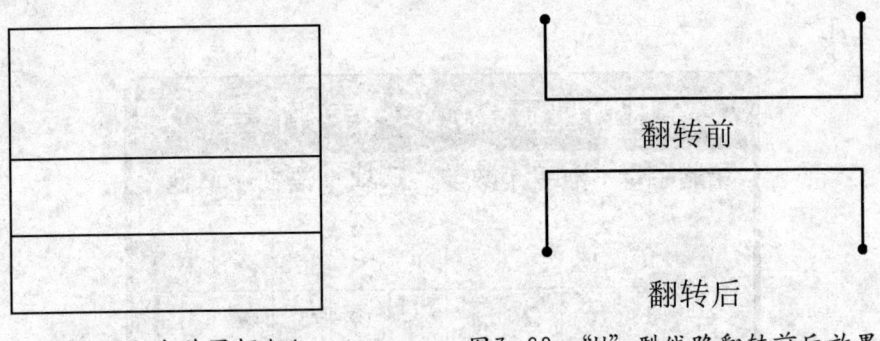

翻转前

翻转后

图3-67 电路图框架1　　　　图3-68 "U"型线路翻转前后效果图

④将翻转后的"U"字型线路放置在第二步所做图形上，并调整位置及合适的大小，如图 3-69 所示。整个线路就画完了。

⑤绘制电路连接点：单击"电学—电路图工具栏"中的"电路连接点"按钮，在界面中出现一个小黑点，放置在电路中有连接点的位置。此电路图中共有7 个连接点，除了"U"字型线路自带的 2 个外，还有 5 个连接点，同样方法再制作 4 个连接点分别放置在电路图中有连接点的位置，如图 3-70 所示。

⑥分别单击电压表按钮、电建（断开）、灯泡按钮（2次）、电阻按钮（2次）、电容器按钮（2次），将得到的图形放置在电路图中如图所示的位置。

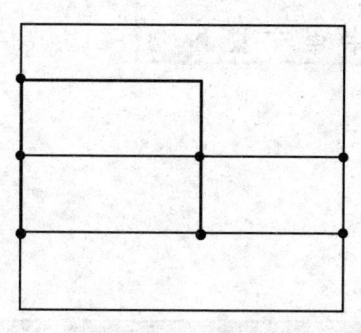

图3-69 电路图框架2

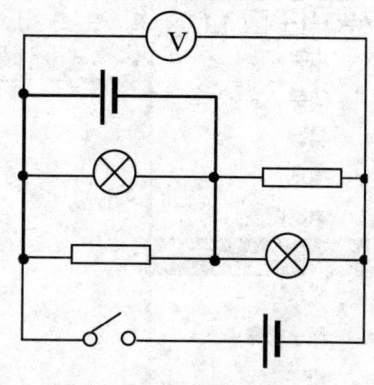

图3-70 最终效果图

⑦单击"绘图"工具栏中"选择对象"按钮，将所做图形全部选中，右击选择"组合—组合"，将电路图各部分组合在一起。

小提示：如果先画电路图中的部件后画线路，会存在叠放次序的问题，线路将在部件上显示。这时可选中部件后右击，选择"叠放次序—置于顶层"。

3. 绘制电学—实物图

①单击菜单"金排工具——学科工具栏"，在打开的工具栏中单击左侧星型图案后面的倒三角，如图 3-71 所示，选择"电学 - 实物图"，打开"电学 - 实物图"工具栏，如图 3-72 所示。

②电路中需要两个电池、两个电建（断开）、两个电表、两个灯泡。分别单击电学 - 实物图中的相关按钮得到相应的图形，分别调整到合适的大小后，按图 3-73 所示放置。

③灯泡图形没有底座，我们可以这样获得：单击电建（断开），将得到的电建图形选中后右击，选择"组合—取消组合"，留下底座，将其余部分删除，将底座选中后右击，选择"组合—重新组合"。

④单击"灯泡"按钮，将得到的灯泡缩小后放置在底座上，效果如图 3-74 所示。

⑤单击"绘图—自选图形—线条—曲线",连接各个部件,最终效果如图 3-75所示。

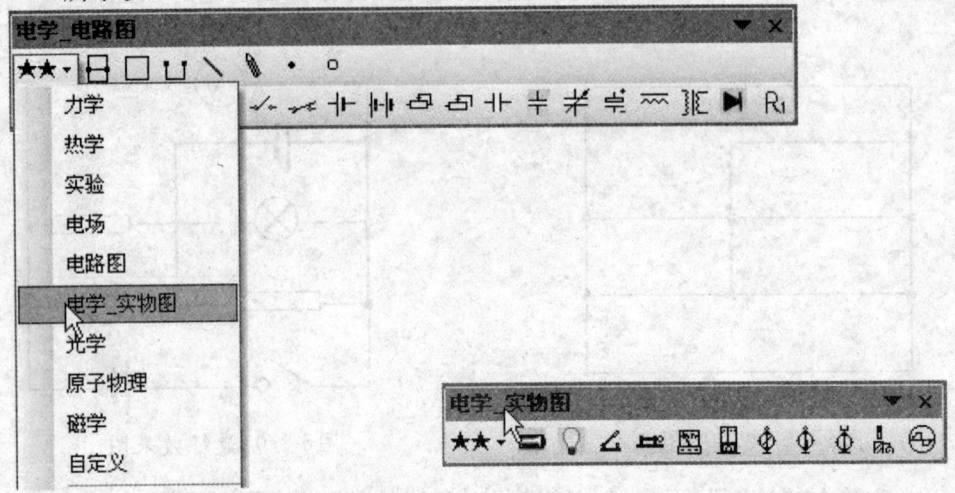

图3-71　学科工具栏中选择工具类别　　　图3-72　电学-实物图工具栏

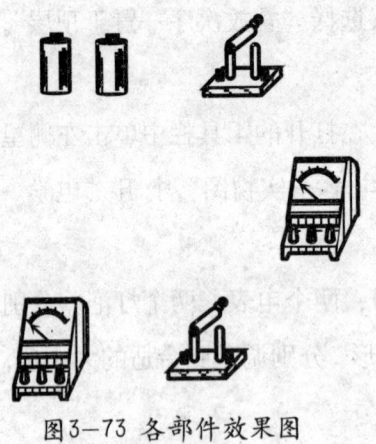

图3-73 各部件效果图

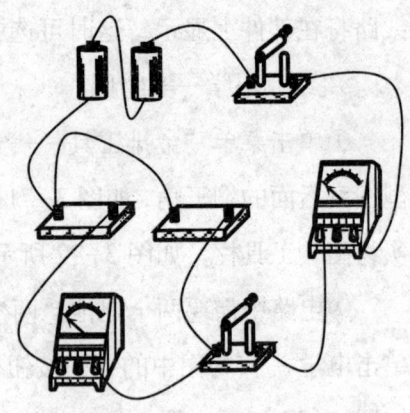

图3-75 电路实物图最终效果

图3-74 灯泡的组合过程

选中所有图形，右击选择"组合—组合"，将各个部分组合为一个整体。

4. 绘制实验装置图

（1）简谐运动

①单击菜单"金排工具—学科工具栏"，在打开的工具栏中单击左侧星型图案后面的倒三角，选择"实验"，打开实验工具栏，如图3-76所示。

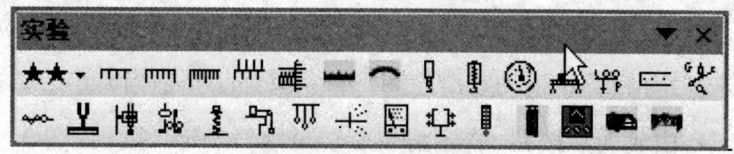

图3-76　实验工具栏

②单击"弹簧振子"三次，因为本图需要三个弹簧振子，得到三个弹簧振子图形，按如图3-77所示位置排列。

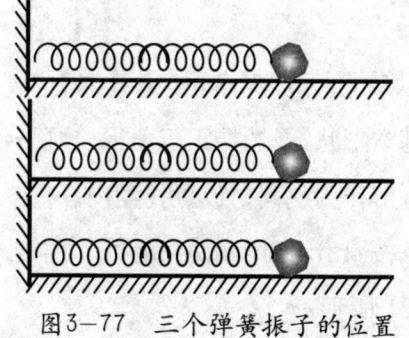

图3-77　三个弹簧振子的位置

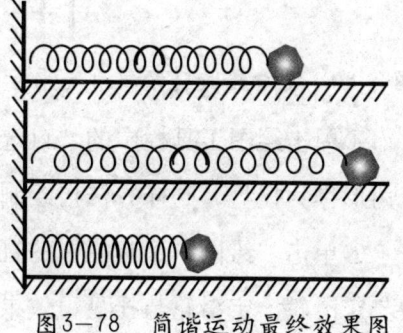

图3-78　简谐运动最终效果图

③单击选中第二个弹簧振子，右击，在弹出的快捷菜单中选择"组合—取消组合"，将小球的位置向右侧移动至合适位置，将弹簧拉伸后与小球重新连接。

④同样方法将第三个弹簧振子缩短，最终效果如图3-78所示。

⑤单击"选择对象"按钮，将所有图形选中后右击，选择"组合—组合"即可。

（2）摩擦力实验

①用与上例同样的方法调出"力学工具栏"，单击"桌子"，得到桌子图形，

拖动桌子将其拉伸，拉伸前后效果如图3-79所示。

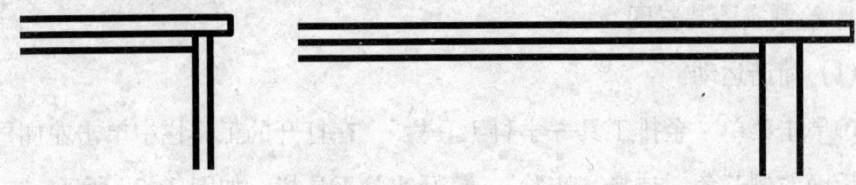

图3-79 桌子拉伸前后效果

②单击"木块"按钮，得到一木块，并将其放置在桌面的适当位置。

③单击"定滑轮"，拖动定滑轮图形，将其缩小至适当大小；单击调整工具栏上的"自由旋转"按钮，将定滑轮旋转至倾斜一定角度，如图3-80所示。

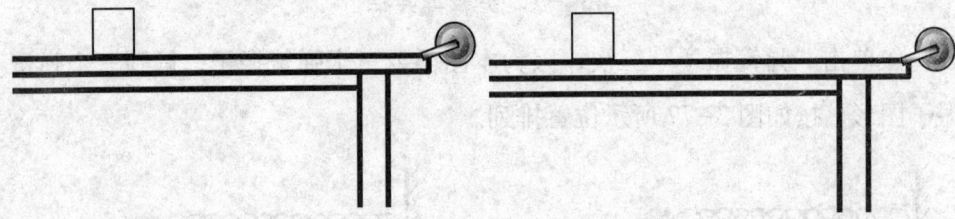

图3-80 定滑轮旋转倾斜后与桌子连接　　图3-81 摩擦力实验最终效果图

④单击绘图工具栏中的"自选图形—基本形状"，选择正三角形，画一正三角形作为托盘，同样方法再绘制两个长方形作为砝码，放置托盘内。

⑤单击"绘图"工具栏中的直线按钮，按shift键绘制两条直线，连接木块与定滑轮、定滑轮与托盘，效果如图3-81所示。

⑥用与上例同样方法组合所有图形。

（3）凸透镜成像

①打开"光学"工具栏，单击"凸透镜"，将得到的凸透镜图形调整至合适大小。

②单击绘图工具栏中的直线工具，通过凸透镜中心做一直线，作为凸透镜的主光轴。在绘图工具栏中单击线型按钮，选择一种虚线线型。

③单击光学工具栏中的"蜡烛"按钮，调整至合适大小后放置在主光轴上，如图3-82所示。

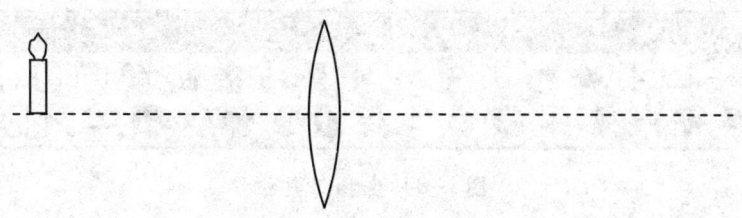

图3-82　凸透镜成像图

④绘制焦点：单击"绘图"工具栏中的"自选图形"按钮，绘制一个小圆形，选中后右击，选择"设置自选图形格式"，在"颜色与线条"选项卡中将线条颜色与填充颜色均设为黑色。通过复制粘贴方式复制四个小黑点，将得到的五个小黑点放置在凸透镜左右两侧一倍焦距、二倍焦距和透镜中心处。

⑤单击"蜡烛"按钮，将得到的蜡烛缩小，并用"垂直翻转"按钮将其翻转至倒立后放置在主光轴一倍焦距和二倍焦距之间。

⑥用直线工具绘制如图3-83所示光路，并用文本框工具分别标注出一倍焦点和二倍焦点的位置，选择所有形状后组合即可。

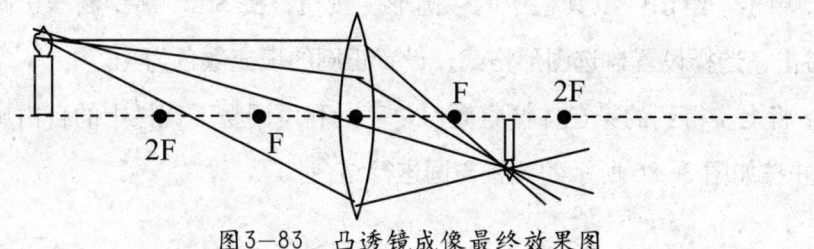

图3-83　凸透镜成像最终效果图

二、金排生物画板

（一）金排生物画板界面及功能简介

金排生物画板与金排物理画板、化学金排界面基本一致，最具特色的是生物工具栏，如图3-84所示，该工具栏包括生物一、生物二、生物三等类别，可方便输入各种生物图形及符号，如细胞结构、遗传相关图形、染色体相关图形等。

图3-84 生物工具栏

（二）金排生物画板案例分析——精子细胞减数分裂图解

1. 单击"视图——工具栏——生物二"，打开"生物二"工具栏，如图3-85所示，利用各种形状染色体图形制作精原细胞。

图3-85 生物二工具栏

2. 分别单击两次染色体1和染色体2按钮，得到两对染色体，将其中一对染色体通过调整工具条中的缩小按钮将其缩小，如图3-86所示。

3. 单击"绘图"工具栏中的"圆形"按钮，按Shift键绘制一正圆，选中圆右击，选择设置自选图形格式，设置正圆的填充颜色为无。

4. 将上步得到的染色体调整倾斜角度（利用调整工具栏中的自由旋转按钮），并按如图3-86所示的位置与圆进行结合。

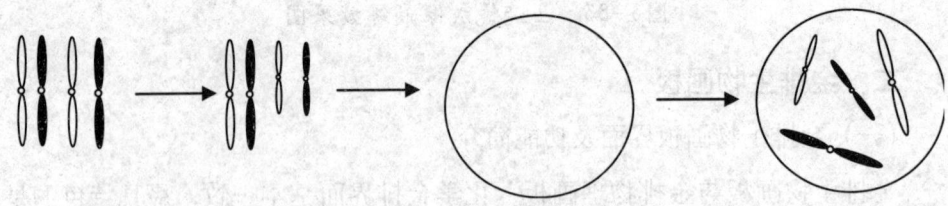

图3-86　精原细胞制作过程

5. 制作初级精母细胞，将上步得到的精原细胞复制一份，并调整染色体的位置，如图3-87所示，得到一个初级精母细胞（初级精母细胞1）。

6. 单击生物二工具栏中的"分裂1"按钮，得到第二个初级精母细胞（初级精母细胞2），如图3-87所示。

7. 单击生物二工具栏中的"分裂4"按钮,得到第三个初级精母细胞(初级精母细胞3),如图3-87所示。

8. 单击生物二工具栏中的"分裂5"按钮,得到第四个初级精母细胞(初级精母细胞4),如图3-87所示。

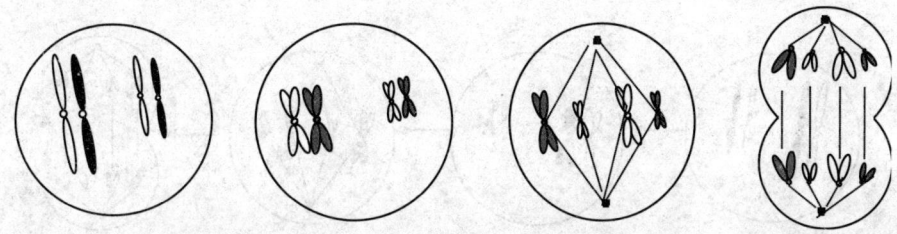

图3-87　初级精母细胞1　初级精母细胞2　初级精母细胞3　初级精母细胞4

9. 按制作精原细胞的方法制作两个不同染色体组合的第一组次级精母细胞。效果如图3-88第一组所示。

10. 第二组次级精母细胞的制作:单击"分裂3"按钮两次,得到两个"分裂3"图形,选中其中一个图形右击,选择"组合—取消组合",选中大的染色体,右击,选择"设置对象格式",填充颜色设为无;用同样方法设置小的染色体,填充颜色设为深灰色。并将该图形重新组合,效果如图3-88第二组所示。

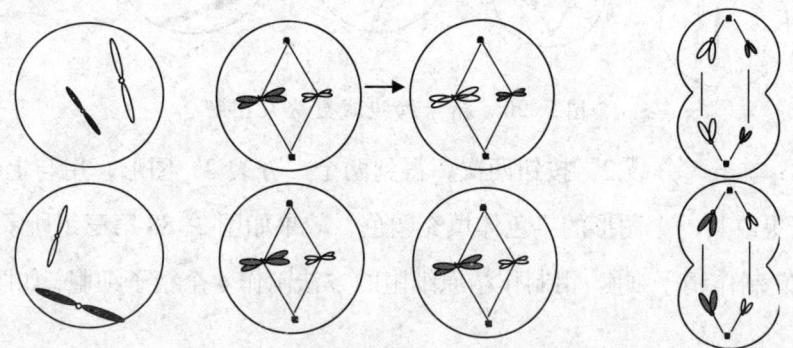

图3-88　第一组　第二组染色体填充颜色设置前后效果比较　第三组

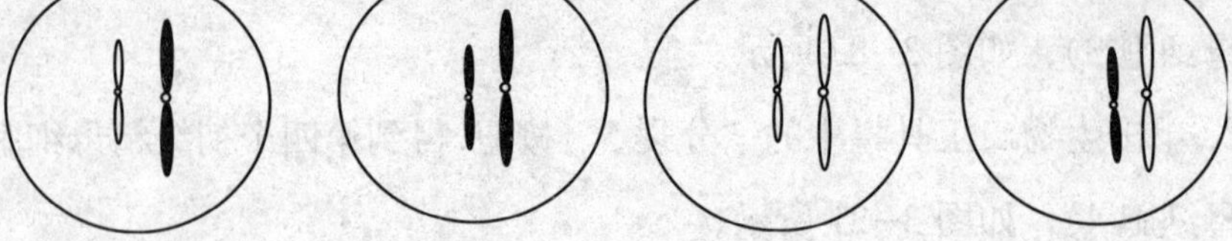

图3-89 4个精子细胞

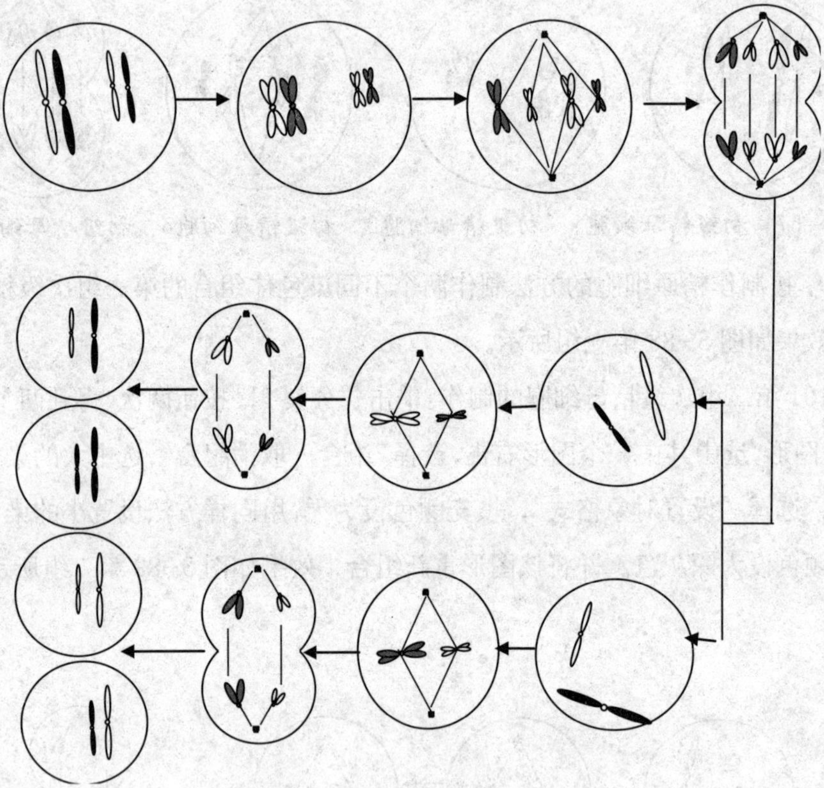

图3-90 精子细胞减数分裂图解

11. 单击"分裂2"按钮两次，得到两个"分裂2"图形，用与上步同样的方法更改其一个图形的染色体填充颜色，效果如图3-88第三组所示。

12. 制作精子细胞：用制作精原细胞的方法制作4个精子细胞，如图3-89所示。

13. 精子细胞减数分裂图解整体效果如图3-90所示。

第四章　现代化教学系统

现代化教学系统利用传统和现代技术相结合的手段，打破了传统教学的时空限制及教学模式，提高了教学质量和效率。现代化教学系统作为一种辅助的教学手段被越来越多的教师所接受与使用，已经走进了各个教学领域，成为现代教师进行正常教学工作不可缺少的辅助条件。

随着科学技术的发展，传统媒体和现代教学媒体通过多种形式的结合，形成了多传播通道的信息呈现方式和手段，如多媒体教室、语音室、微格教室等。

第一节　多媒体教室

为了能够更好地使用多媒体教室，我们有必要对多媒体教室的原理与基本组成有个清楚的认识。本节课我们将从多媒体教室的原理和基本组成两个部分来介绍多媒体教室，希望能多给广大教师提供些帮助。

一、多媒体教室的组成

多媒体教室是根据教学需要，将各种现代化教学媒体有机结合配置，能实现一定教学功能的专门教室，主要由多媒体计算机、视频展台、DVD 或 VCD、录像机、话筒、音频功放、显示设备（投影、电子白板）等设备组成，图 4-1 为多媒体教室设备示意图。

1. 多媒体计算机

多媒体计算机主要展示多媒体教学课件、电子教案、移动磁盘、VCD（DVD）光盘中的信息，对已联网的计算机还可从互联网上下载相关教学信息进行演示。 当然中央控制系统也是安装在多媒体计算机内,用来控制设备系统各项功能的操作使用。

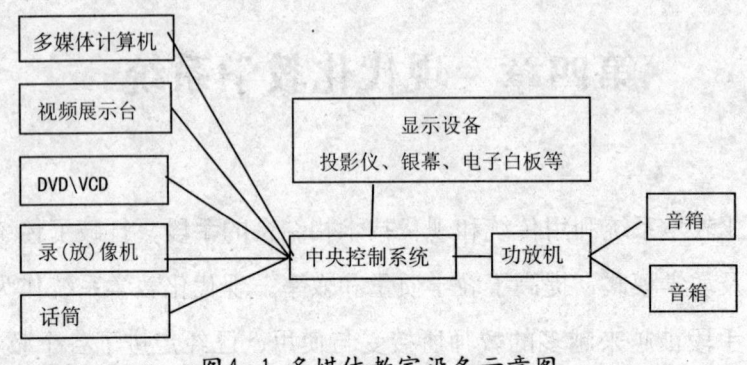

图4-1 多媒体教室设备示意图

2.显示设备

多媒体教室的显示设备大都配有计算机显示器,显示器一般为教师在讲台前讲授操作提供视频显示。

为学生提供放大影像的设备一般有两种选择:第一种方式包括投影仪(如图4-2所示)和银幕,投影仪可将计算机显示器的屏幕信息放大后投射到银幕上,提供给学生观看。这种方式有不足的一面,银幕本身不能提供书写功能,教师也只能在计算机的显示器前操作,这会让学生产生与教师分离的感觉,影响教学效果。

图4-2 投影仪

第二种方式用电子白板代替了银幕,克服了以上的缺陷。电子白板连接到计算机,并利用投影机将计算机上的内容投影到电子白板屏幕上,在专门的应用程序的支持下,可以构造一个大屏幕、交互式的教学环境。利用特定的定位笔可以在白板上书写板书，还可代替鼠标在白板上进行操作，如控制课件的流程，对文件进行复制、保存等。当然在价格上银幕与电子白板相差很大，普通的银幕价格在几百元左右，而电子白板大多在万元以上，但随着信息技术的发展和电子白板价格的下降，电子白板将取代银幕而成为多媒体教室的主角之一。

3. 视频展示台

视频展示台是通过 CCD 摄像头以光电转换技术为基础，将实物、文稿、图片、过程等信息转换为图像信号输出在投影机、监视器等显示设备上。由于其展示的对象是实物，因此，视频演示仪又称实物展台，如图 4-3 所示。教师利用多媒体教室中的视频展示台可以放映普通透明胶片，如幻灯片、照片的底片等；可以实现将实物投影放大展示在银幕上，如书稿、图片、实验仪器等；可以演示实验过程，如部分化学实验、物理实验等；可以播放 DVD 或录像机里的视频资料等。总之，视频展示台使教师的教学更加方便、高效。

4. 录像机与 DVD

录像机（图 4-4）与 DVD（图 4-5）都可既提供视频又提供音频信息，其在教学中的应用是非常广泛的。录像机与 DVD 的视频信号都可直接输入给投影机，再由投影机放大投射在银幕上。其音频信息可直接输送给功率放大器，再由音箱输出声音信息，这样就使录像机或 DVD 中的音频与视频信息得到了放大输出。

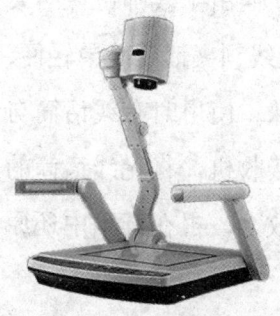

图4-3 视频展示台图

4-4 录像机

5. 功率放大器

功率放大器（图4-6）简称"功放"，它的作用就是把来自音源或前级放大器的弱信号放大，推动音箱发声，它是音响系统中最基本的设备。多媒体教室中的功放主要负责将多媒体计算机、录音机、DVD、录像机及话筒等的音频信号放大，输送给音箱将声音还原。

功放使用时要注意的常用功能键有：BALANCE 左右声道平衡，TREBLE 中高频，BASS 低音，ECHO 效果音（回响），CH-MODE 输入源。

图4-5 DVD

图4-6 功率放大器

6. 话筒

多媒体教室一般很大，没有话筒不仅教师上课感到很累，而且还会因为学生听不清老师的讲授而影响教学效率，因此话筒是多媒体教室中一个非常重要的部分。话筒学名为"传声器"，是将声音信号转换为电信号的能量转换器件，由 Microphone 翻译而来，也称话筒。由于话筒价格相对较低，因此大多多媒体教室都配有话筒。多媒体教室中常使用带底座的有线话筒（如图4-7 所示）和无线领夹话筒（如图4-8所示）。由于教师在多媒体教室授课时要对计算机中的电子教案或课件进行操作，普通话筒拿起放下比较麻烦，而有线会议话筒则可固定在合适位置，方便教师讲授。但由于教师讲课时要来回走动，这样有线会议话筒又不能满足其要求，而无线领夹话筒简单轻便，不用线路连接，价格便宜，因此受到了广大教师的青睐。使用时有线话筒与功放的麦克风输入插口连接，无线话筒有自己专门的接收机，将无线话筒的接收机与功放的麦克风输入插口连接，声音通过功放放大，再在音箱中还原出来。

图4-7 带底座的有线话筒

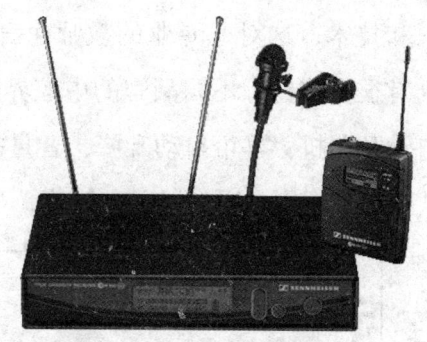

图4-8 无线领夹话筒

7. 音箱

音箱（如图4-9所示）是整个音响系统的终端，其作用是把音频电能转换成相应的声能，并把它辐射到空间去。它是多媒体教室中又一个重要的组成部分，如果没有音箱，音频信号就播放不出去，将会对教学效果产生严重影响。多媒体教室中的音箱工作时与功放连接，接受来自功放的音频信号而将声音还原。

图4-9 音箱

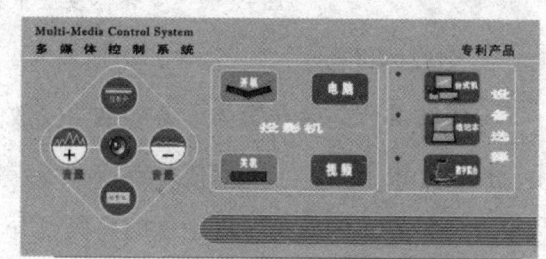

图4-11 多媒体中央控制系统界面

8. 中央控制系统

多媒体教室内配有多种先进而专业的媒体和设施，中央控制系统就是为了方便对这些媒体和设施（如投影、屏幕、计算机、视频展示台、音箱、窗帘等）进行控制与操作而专门配置的设备。它的作用我们可以用一个图形来描述，如图4-10所示。中控系统可以实现对多媒体教室内所有媒体和设施的控制，教师可以通过中控界面上的按钮来实现这些操作，不需要专业的知识和技术，这对非专业的教师而言有很大帮助。中控界面如图 4-11 所示，具有很多按钮，不同品牌的中控界面有所不同，但大致都可实现以下功能：自动开关机、幕帘自动升降、音量的调整、投影的开与关、视频切换（如台式机、笔记本、视频展示台）等。

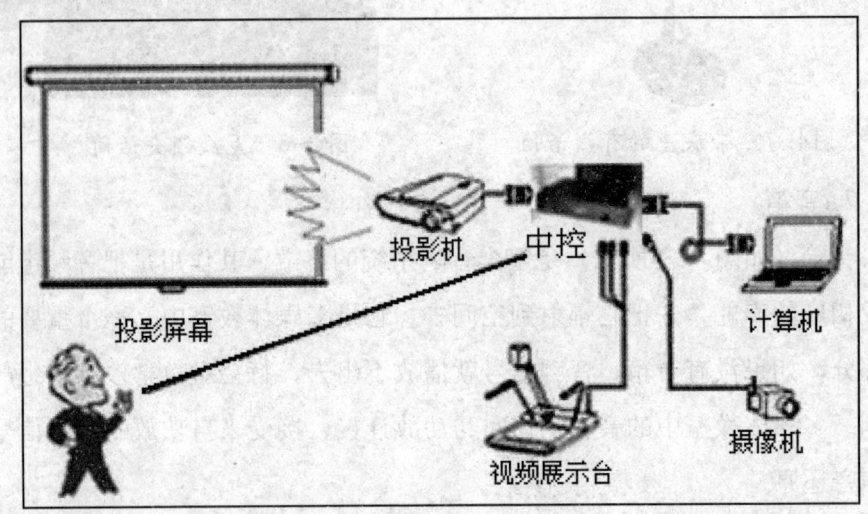

图 4-10 多媒体教室中控系统图解

9. 多媒体讲台

多媒体讲台是多种媒体设备容纳与安放的设备，在多媒体教室中除了音箱、投影、银幕外，大多媒体都安放在多媒体讲台中。多媒体讲台的设计有利于对各种媒体的保护，即上课时将其打开，下课后锁好，一般多媒体教室的使用规则都会要求教师做好该工作。

二、多媒体教室的使用

（一）使用方法

1. 为了获得最佳的投影效果，在使用多媒体设备时，首先要关闭幕布上方的照明灯，拉好窗帘。

2. 用钥匙打开多媒体讲台，打开各媒体电源开关，如功放、话筒等。在中控系统界面中按下相应按钮打开要使用的设备，如银幕、投影、视频展台等，有的中控系统按"开机"后可自动开启常用媒体，如计算机、投影、银幕等。

3. 若要几种视频媒体同时使用，可按中控界面中的相应按钮进行切换。例如：使用台式机时想切换至视频展示台信号，可按下中控界面的"视频展台"按钮。

4. 若要使用自动的笔记本电脑，可用 VGA 线将笔记本电脑与中控系统中的 VGA 接口连接，按下中控界面中的"笔记本"按钮，指示灯开始亮代表可使用状态。如在银幕上没有显示笔记本屏幕信息，可同时按下笔记本键盘上的 Fn 、F8，即可正常显示。

5. 无线话筒的使用：首先将无线话筒安装相应型号的电池，将无线话筒和接收机的频率设置好，设为相同频率，之后将接收机连接到功放的麦克风输入插口即可使用了。如果多媒体教室中的无线话筒是固定频率的，就省去了调整频率的步骤，使用更加简单。

（二）使用注意事项

1. 多媒体教室使用完毕后，要关闭所使用的各媒体，如投影仪、银幕等，锁好多媒体讲台，最后关掉电源总开关。

2. 关闭投影机后请等待投影机散热 1—2 分钟，风扇停止运转，再关掉中控台总电源开关。

3. 使用设备过程中，请勿随意拔插各类信号线和电源线。

4. 不要在投影机正在使用时关闭投影机电源，否则影响投影机灯泡的使用寿命。

5. 在使用音响系统时，请勿随意调节功能旋钮，以免引起使用混乱。

6. 话筒试音时不要直接对话筒用力吹气或用手拍打，正确的试音方法是对准话筒以正常口气说话。

7. 无线话筒使用时要使天线自然下垂，否则影响发射效果。

第二节　语音室与微格教室

一、语音室

语音实验室是一种装有录音系统和其他电化教育手段的供语言学习和教学的专用教室。近年来，随着电子技术、计算机技术、多媒体技术的发展以及人们教育观念的转变，各种现代化的视听设备和电子计算机控制器进入语言实验室，大大扩大了语言实验室的教学功能，使其由最初的听音型语言实验室向视听型、网络型发展。

（一）语音室的类型

1. 听音型（AP—Audio-Passive）语音室

听音型语音室是最简易的语言实验室，又称听音室，在学生座位上配有耳机或耳机插口用来收听录音教材。听音型语言实验室没有对话系统，仅有单向语音传输功能，因此教师与学生不能对话。

2. 听说型（AA—Audio-Active）语言实验室

这种语言实验室除具有听音功能外，还配备了双向通话系统，因而能进行问答对话，一般还设有隔音座位，不影响其他人的学习。

3. 听说对比型（AAC—Audio-Active Comparative）语音室

听说对比型语音室除了具有听说型语言实验室的功能外，学生座位上还配备了双声道录音机，学生可以将声音记录在不同的声道上，重复播放进行比较，纠正发音等方面的错误。教师还可以遥控学生的录音机或监听、监录学生的作业。

4. 视听型（AACV——Audio-Active Comparative Visual）语音室

视听型语言实验室是在听说对比型语音室的基础上增设了电视机、投影、银幕、录像机、影碟机等媒体，可同时播放电影、DVD 光盘等视觉材料，从而丰富了学生的学习内容。如图 4-12 所示。

5. 多媒体学习型语音室

多媒体学习型语音室除具有听说功能之外，还具有与多媒体教室相似的功能，提供了多种教学辅助手段。多媒体学习型语音室不仅可以进行语言训练，还可进行其他学科的授课。

图4-12 视听型语音室

（二）语音室的教学功能

多媒体语音室作为一种教学辅助手段对于语言学习有重要价值。语音室能够创造出良好的语言学习情境，提高学生整体表达的能力；听说对比型语音室还可实现跟读等功能，加强和修正语音练习。在语言教学中，纯听觉的教学模式往往难以激发学生自身的语言感悟能力，真实的语境能够对学生个体语言系统自然地起到组织、引导的作用。视听语音室提供了投影、银幕、DVD等视频设备，能够呈现一个真实的视听环境，为学生的语言学习提供了良好的条件。多媒体语音室除了适合语言教学外，也可用于其他学科授课，拓宽了语音室的使用范围，能够物尽其用，实现资源共享。

二、微格教室

微格教学是利用现代教育媒体对师范生和在职教师的教学技能、技巧进行系统训练的一种教学方法。它采用录音、摄像、录像系统来示范和记录教学行为，进行评价并及时反馈给受训者，使受训者的教学技能得到提高。微格教学是师范生训练教学技能的一种重要方法，而微格教室提供了微格教学所需的条件，是微格教学的硬件基础。

（一）微格教室的基本组成

1. 模拟教室（微型教室）：模拟教室里装有话筒和摄像系统，用来拾取"模拟教师"的声音和教学活动形象。如有条件，还有另一台摄像机用来拾取"模拟学生"的学习反应情况。室内还设置有电视机，用来重放已记录的教学过程录像，供同学们进行评价分析。如图 4-13 所示。

图4-13 模拟教室

图4-14 控制室

2. 控制室：控制室的主要作用就是监视、监听、记录和控制各个微格教室的情况，选择性地把微格教室内的情况输出给观摩室，供师生观摩评价。控制室设备有主控机（控制各个微格教室的设备）、录像机（记录各个微格教室的情况）、摄像头和话筒（发送控制室内操作教师的视频和音频信息）、多个监视器（显示各个模拟教室的视频影像）等设备。

3. 观摩室：观摩室就是为了让更多的人能够观摩到微格教学情况而设置的。观摩室一般装有电视机或投影、银幕，可实时同步观察模拟教室内的情况。也有的观摩室与模拟教室之间用单向玻璃隔开，从观摩室可以清楚地看到模拟教室内的情况，而模拟教室则看不到观摩室内的情形。

（二）微格教室的教学功能

1．教学模拟。微格教室可以同时开展一组或多组微格教学活动，同时对一个或多个学生进行模拟教学（或其他技能）训练。教师课堂教学基本技能包括导入教学技能、应变教学技能、讲解教学技能、板书板画教学技能、媒体演示操作教学技能、提问教学技能、反馈强化教学技能、归纳总结教学技能、课堂组织教学技能等，微格教室都应该具备训练这些技能的功能。

2．示范观摩。利用示范观摩室（也可兼做模拟教室使用），可以让全班学生集中观摩教师的教学示范。在学生模拟教学之前，指导教师往往通过示范观摩室进行示范讲解，分析典型课例，组织学生观看优秀教师课堂教学录像，给受训学生或教师提供示范，以便仿效。

下　篇
网络资源获取与应用

第一章 网络教育资源概述与分类

第一节 网络教育资源概述

网络上的教育资源非常丰富，仅仅是 1999 年美国在因特网上开展网络教育的学校就有 300 多所，而这 300 多所学校所开出的课程总数达到 1600 多门，到了现在这一数字更为可观。相比于其他国际知名大学，麻省理工学院的开放课程做得比较好，有超过千门开放课程提供给用户免费下载使用，大部分课程包含了教学大纲和基本的教学材料，有一些课程甚至还有教师完整的教学录像。丰富的视频课程给很多不能去美国学习的人提供了亲自聆听麻省理工学院教授们讲课的机会。而在中国，网络教育应用的发展更快，至 2005 年上网人数已经超过 1 亿。和美国不同，中国的很多教育资源集中在各大学开设的网络教育学院中，课件主要形式是 IP 课件，即其中包含了教师的讲稿，同时也包含了教师讲课的录像。学生可以收看教师录像，聆听教师讲课，同时还可以看到高清晰度的演示文稿，效果很好。

除了高等学校的资源外，网络上中小学的资源更加丰富。在美国有一个非常重要的面向中小学的教育资源网——K-12（www.k12.com），在国内有"中国中小学教育教学网"（www.k12.com.cn）。这类教育资源凝聚了全国中小学教师大量的心血，也包含很多教师在教学实践中所积累的各种经验。中小学教师和师范院校的学生可以从这些教育资源网上可以获得跟自己教学方面相关的很多有用的资源，同时还可以同国内外的中小学教师进行有效交流。

除了上述各种资源以外，网络教育资源还包括图书馆和数据库参考资料网站，这些网站提供传统图书资料的电子版，还提供各种学术期刊文献的数据库。其他一些网站，如各种商业网站、军事网站、政府网站，都可以为我们提供丰富的教育资源，为学生提供丰富的课外知识，补充学生课堂学习的不足。

第二节　网络教育资源分类

网络教育资源很多，分类方式多样。按照开发者分类，可分为：

（1）国家级教育资源库。如美国的国家教育资源信息中心（ERIC），我国是以中央电教馆为主要开发单位建立的中央教育资源库。

（2）分类教育资源网站。分类教育资源库按照教育领域划分为不同的教育专业服务，如中小学教育和高等教育等，一般由各个协会和学会，或者各学术机构组织开发。

（3）学校／公司／个人网站。由某个学校或某个公司乃至个人开发的教育网站，其设立目标是为特定对象服务的。这类资源库的内容更新，更贴近特定的用户群的需求，融合了各种多媒体信息。

按照内容分类，可划分为：

（1）教学类。这类网站提供了比较完整的课程教学和辅导。

（2）研究类。这类网站主要由教育研究者和学科教师创建，提供与课程教学研究相关的资源，进行合作学习。

（3）资源类。这类网站分门别类地提供各种教育资源，如课程标准、教材、案例和素材等。

（4）综合类。综合了以上几类的特点，如中国中小学教育教学网（http://www.k12.com.cn）。

按照资源行业归属来划分，可以划分为：

（1）教育类。包括教育网，各类高等院校、中小学网站和教育机构部门的网站等。

（2）图书馆专业数据库类。这一类网站包括网上的传统图书馆、电子图书馆以及各大专业数据库等。这一类网站大部分资料比较齐全，同时也要收取一定的费用。

（3）商业类。这一类网站非常丰富，现在一般比较大型的公司都建有自己的网站，比如微软公司的网站等。

（4）政府类。这一类网站资源几乎都是可以免费获得的，其中比较著名的如中国政府门户网站、美国宇航局网站等。

（5）军事类。这一类网站比较少，从上面可以获得各种军事知识。

按照网络资源获取的方式来划分，可以分为：

（1）免费类。这些资源在网络上可以自由获取，虽然都有版权的要求，但用户在使用的时候不需要支付任何费用，如各种新闻以及一些个人网站上的资源等。

（2）收费类。这一类资源比较全面和专业，比如一些专业数据库中的保存期刊、书籍电子文档等。

按照信息呈现的形式来划分，网络资源则可以分为：

（1）Web 网站类。即完全以网页的形式来显示的资源，其中 WebQuest 也属于这一类型。

（2）点播类。这一类网站提供视频、音频信息的播放，用户可以按照自己的需要点播或者下载。

（3）博客类。最近几年博客使用得越来越普遍，一些人士开始制作自己的博客来发布各种信息，一些著名的博客每天点击率甚至达到几十万人次。

按照网页信息的产生方式来划分，则可以分为：

（1）静态类网页。即直接用 FrontPage 等工具制作出来的网站，这些网站内容相对来说更新比较慢，内容比较简单，占用系统资源比较少。

（2）动态类网页。这一类资源直接由脚本产生，用户不需要用专门的工具来制作网站，利用浏览器就可以更新其中的内容。动态类网页在一些门户类网站中使用得很普遍，这些网站利用这种动态网页技术可以及时更新新闻的内容。

按照网站的功能来划分，网络资源可以分为：

（1）门户类网站。这一类网站就某一方面功能起到一种入门的作用。通过该网站，用户可以比较全面地了解相关的知识，同时还可以浏览到更多的网络资源，比如网易、新浪网、搜狐网等就是这一类门户类网站。

（2）搜索引擎类。这一类网站提供网络资源搜索的业务，用户可以通过关键词或目录的方式查找自己想要的内容。这一类网站包括 Google、百度、Yahoo 等，其中 Yahoo 网站既是一个搜索引擎类网站，同时也是一个门户类网站。

（3）论坛类。这一类网站专门提供用户相互讨论的功能。这一类资源以论坛的形式由用户自由发布信息，资源比较丰富，同时更新速度也很快，一些很著名的事件通常都是在一些著名的论坛上首先发布出来以后就迅速传遍了全球。

（4）资源下载类。这一类网站提供各种资源让用户下载使用，其中比较著名的如 ZDnet 等。

（5）个人网站。这一类网站由个人建立，用于个人发布信息并与其他人进行交流。

按使用的技术来划分，网络资源则可以分为：

（1）Web 类。即利用 www 来传输各种信息。

（2）FTP 类。利用 FTP 的技术来上传或下载资源。

（3）电子邮件类。即提供各种电子邮件服务。

（4）BBS 类。利用 BBS 技术提供用户讨论的场所。

（5）P2P 类。利用 P2P 技术来传输信息,这代表了一种全新的网络传输技术。

第三节　搜索引擎的使用

目前，搜索引擎技术按信息标引的方式可以分为分类目录式搜索引擎、机器人搜索引擎和混合式搜索引擎；按查询方式可分为浏览式搜索引擎、关键词搜索引擎、全文搜索引擎、智能搜索引擎；按语种又分为单语种搜索引擎、多语种搜索引擎和跨语言搜索引擎等。

一、分类目录式搜索引擎

分类目录式搜索引擎（Directory Search Engine）是最早出现的基于www 的搜索引擎。分类目录式搜索引擎由分类专家将网络信息按照主题分成若干个大类，每个大类再分为若干个小类，依次细分，形成了一个可浏览式的、等级主题索引式的搜索引擎，一般的搜索引擎分类体系有五六层，有的甚至十几层。

分类搜索是循序渐进的检索方法。与关键词搜索即刻按照相关性递减顺序返回大量结果不同，分类搜索要首先确定所需信息在目录中的类系归属和相关路径，从大类入手，逐级浏览，渐进查询，在相应类目下按字顺展开网站列表，然后再根据网站名称和简介，对结果列表进行选择。相对于关键词而言，目录搜索所找到的网站比较少，所以比较适合那些对该类知识不太熟悉的人士使用。找不出合适关键词的时候，也可以使用分类目录搜索来获得自己所要的资料。

分类搜索是门户网站不可缺少的检索方法，如雅虎网址大全（http://site.yahoo.com.cn/）、搜狗网址（http://123.sogou.com）等。Yahoo 被认为是分类搜索的鼻祖，搜狐（搜狗）开中文分类搜索先河，其"50,000主题分类，500,000优选网站"不愧为中文主题分类目录的典范，堪称中文分类搜索的旗舰。

二、关键词搜索

关键词搜索在搜索引擎中使用得很普遍，因为使用关键词搜索可以过滤掉很多关联性不是很大的网站，准确度非常高。现在很多搜索引擎都被广泛用来自动完成互联网上资料的搜索，那些没有收录到分类目录中的新网站，可以通过关键词搜索很快查找出来。

用户使用关键词进行搜索有时会找不到所需的信息，其原因是关键词的选择方向上发生了偏移。如何从复杂搜索意图中提炼出最具代表性和指示性的关键词对提高搜索效率至关重要，这方面的技巧（或者说经验）是所有其他搜索技巧的基础。

根据搜索引擎的特点，在选择关键词的时候要注意以下几个方面：

1. 选择具体的关键词。尽量避免选用那些很常见、含义宽泛的一般性词语，如教育、科学等，通过这样的关键词很难找出有意义的结果，除非自己对这一方面很熟悉。比如想查找去长城旅游的信息，用"长城一日游"作为关键词就比"旅游"更好。

2. 使用多个关键词组合，且避免相互之间有密切的联系。当搜索结果中存在很多无关信息的时候，可以尝试增加关键词来过滤掉无关的结果。比如位于北京的用户搜索"同城快递"的时候可能会出现很多地方的快递服务，增加关键词改为"北京同城快递"结果就非常明确了。在使用两个以上关键词的时候，尽量避免两个词的意思有很密切的联系。比如选择了"鸟"这个词以后，又随之跟上一个"乌鸦"，从范围上看，前一个关键词已包含了后一个关键词，所以其中的一个关键词就显得多余了。可单独使用"乌鸦"或添加其他限定词进行搜索。

3. 避免使用无意义的虚词。去掉关键词中的疑问词、连词、叹词、助词、语气词等无意义的虚词，有助于提高检索质量。比如"怎么样给金鱼换水"的检索质量就不如"金鱼换水"。

4. 注意搜索引擎中关键词搜索的一些特殊方法。在很多搜索引擎中通常规定多个关键词之间用空格隔开就可以了。如果想获取其他的功能，也可以加上一些特殊符号。比如给关键词加引号，意味着要求搜索引擎完全按照关键词的要求真实地把包含该词的网页全部搜索出来。在各种英文搜索引擎中，还可以加上其他一些标点符号，如"_""\""+""="","""'"等，这些标点符号都有其特殊的用途。

三、搜索引擎的功能

随着搜索引擎技术的发展，一些搜索引擎公司不再满足于一个简单的搜索引擎主页，它们希望能够提供给用户更多的功能，而用户对于搜索引擎提供更多功能的需求也在迅速增加。百度、Google、Yahoo 等公司分别在自己的网站主页上推出了更多功能。

这里介绍其中几个比较著名的搜索引擎功能。

1. 搜索引擎的多媒体搜索功能

随着互联网的快速普及，宽带网的全力推行，网络上的多媒体文件越来越多，在这种背景下，传统的文本搜索方式已经不能满足人们的特殊需要，用户希望能更方便快捷地从网络上找到需要的多媒体文件。于是，各大搜索引擎，如百度、Google、Yahoo 等纷纷推出了带有图片、MP3、视频、地图等搜索功能的搜索引擎。例如搜索图片，进入搜索引擎后，只要在首页上点击"图片"链接即可进入图片搜索，输入关键词后，就可以在搜索结果中获得搜索出来的图像缩略图。如果要获得图像完整的文件，直接点击相应的链接即可打开该图片。MP3（音乐）文件和视频文件等其他内容的搜索也采用类似的方法。

案例分析——以百度搜索引擎为例，查找图片、声音和视频文件

使用百度搜索图片时，首先进入百度主页（www.baidu.com），然后点击"图片"链接，即可进入图片搜索状态（如图 1-1）。在搜索框中输入关键词，单击"百度一下"按钮，就可以搜索出对应该关键词的图片。

搜索声音文件和视频文件的方法与图片搜索的方法相同，点击百度主页

上的相应的"MP3"或"视频"链接即可进行搜索。

图1-1 百度图片搜索

2. 搜索引擎的本地硬盘搜索功能

我们使用比较广泛的系统是 Windows 系统, 其中存在一个问题就是如何高效地搜索已存储的各种资料。操作系统中提供的"搜索"功能可以进行文件检索, 但是随着各种文件的不断存储, 当电脑中的资料越来越多, 要查找较早时间存储的某个文件, 整个搜索时间可能会达到几个小时甚至更长。

利用搜索引擎提供的本地搜索功能可以有效地解决这一问题。在搜索引擎网站上下载这一软件的安装程序, 在本地机器安装成功后, 该程序就会利用计算机的空闲时间在本地硬盘上运行, 将搜索到的文档进行归类整理并建立相应的索引。要查找相关资源, 直接打开浏览器, 在搜索引擎中选择本地搜索, 就可以像在网上搜索各种资源一样快速找到想要的资料和文件。

案例分析——百度硬盘搜索

百度硬盘搜索是百度推出的一款硬盘搜索软件, 它将搜索业务从网络扩展到用户个人电脑中，帮助用户从个人电脑海量的资料中快速地查找到想要的信息，包括文件、电子邮件、即时通讯信息以及网页浏览历史记录等。

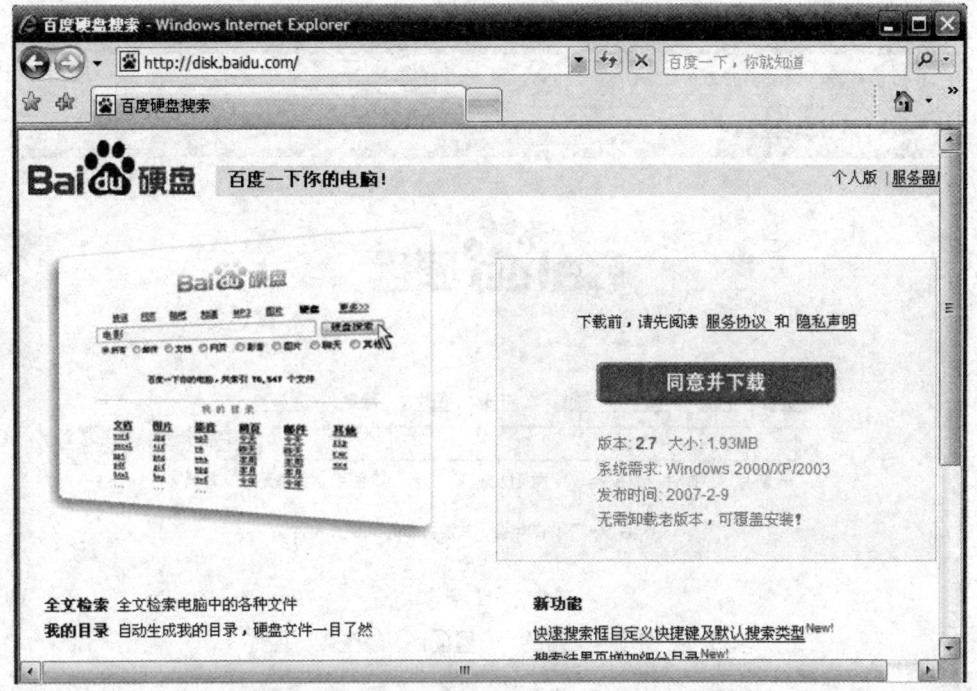

图1—2　百度硬盘搜索下载页面

要下载百度硬盘搜索软件，可以在百度的主页上点击"更多"链接，进入到百度产品大全中选择"硬盘搜索"，点击进入下载页面，或者直接进入"http://disk.baidu.com"网址中进行下载，如图1—2所示。

软件安装完毕后，需要花费一段时间建立硬盘文件的索引，索引时间视硬盘文件数量而定，如果文件很多，则需要几个小时的时间才能完成。索引一旦建立后，搜索本地硬盘中的文件就像在网上搜索网页等资料一样方便、快捷。搜索资料时只需在搜索框内输入要查询的内容，敲回车键或者鼠标点击搜索框右侧的"硬盘搜索"按钮（如图1—3），即可得到符合查询需求的内容。使用百度硬盘搜索可以快速查找到电脑中的文档、网页浏览历史记录、电子邮件等，在没有连接到互联网上时也可使用百度硬盘搜索，但其中的一些功能将不可用，如自动更新、搜索互联网等。硬盘搜索可以通过设置密码来增强系统的安全性。

图1-3 百度硬盘搜索主页

第二章　教师叙事交流技术——博客

第一节　博客介绍

所谓 Blog，即是由 Web Log（网页日志，简称"网志"）合并演化而来，中文音译为"博客"，主要是以日记的形式发布文章，并可以附加评论的个人网页。一个 Blog 其实就是一个网页，它通常是由简短且经常更新的帖子所构成，这些张贴的文章都按照年份和日期倒序排列。

Blog 是继 Email、BBS、ICQ 之后出现的又一种网络沟通方式。Email 和 ICQ 多用于个人之间的通讯，信息不能共享；BBS 公共性很强，而个人性很弱，因此缺乏约束，在发表评论和讨论的过程中容易偏离主题。零散的邮件和个别的帖子很难承载个人全面的情况，所以在信息、情感、意志等方面的完整性和表现力都有所欠缺。而 Blog 是个人性和公共性的结合，是个人在网上展现自己、与别人沟通的综合工具，信息共享和长时间地展现自我的片断可以最大化地表达自己。

Blog 简单易用，用户可以随意写下自己看到、听到或想到的信息，随时把看到的有价值的信息摘录到 Blog 中，日后更好地加以整理和利用。在广泛阅读和不断写作过程中可以调动判断能力和语言运用能力，是培养语言智能绝好的技术手段。除了"写和录"的功能外，Blog 还具备"分享"的功能。用户把自己的知识和见解公布出来，其他有相同兴趣或同样学习范畴的人可以参考，也可以发表评论。这样，用户与周围的群体交流结合在一起，在分享和交流中引发更多的思考，可以进一步地学习并提高自己的认识。

目前国内有很多博客专业网站和大型门户网站，用户可以免费申请博客。博客记录的内容有以文字为主的博客，目前大多数博客属于此类；有以图片故事形式为主的博客，如"好看簿"（http://www.haokanbu.com）；有以视频为主的博客，如搜狐播客（http://v.blog.sohu.com/）、土豆网（http://www.tudou.com/）。

【资源链接】 国内主要的博客网站：

博客大巴（www.blogbus.com）

博客网（www.bokee.com）

博尚（www.blogcn.com）

中国教育人博客（http://blog.edu.cn/）

博客中国（www.blogchina.com）

新浪博客（http://blog.sina.com.cn/）

第二节　博客的使用方法

博客的使用方法非常简单，在此以博客大巴的使用方法为例进行介绍，其他博客网站使用方法类似。

一、注册

打开浏览器，在地址栏里输入博客大巴的网址 www.blogbus.com，即进入到博客大巴的首页中（如图 2-1）。单击页面右上角的"注册"，进入注册页面（如图 2-2），填写相关信息，单击"注册"按钮。然后进入验证电子邮件页面，在页面中单击邮箱链接，进入邮箱中点击链接完成验证。

二、登录

注册成功后再次使用时，进入首页，点击右上角的"登录"（如图 2-1），或在首页登录位置输入用户名和密码，单击"登录"按钮即可进入个人博客。

三、发表日志

登录到个人博客中后，鼠标移动到"博客"按钮上，在菜单中单击"写新日志"（如图 2-3），进入发表日志页面中。在页面（如图 2-4）的文本框

中输入日志的标题、内容，在分类中选择分类或者单击"创建分类"，将当前
的日志归纳至某个分类中，然后单击"发表日志"，即完成新日志的发表。

图2-1　博客大巴首页

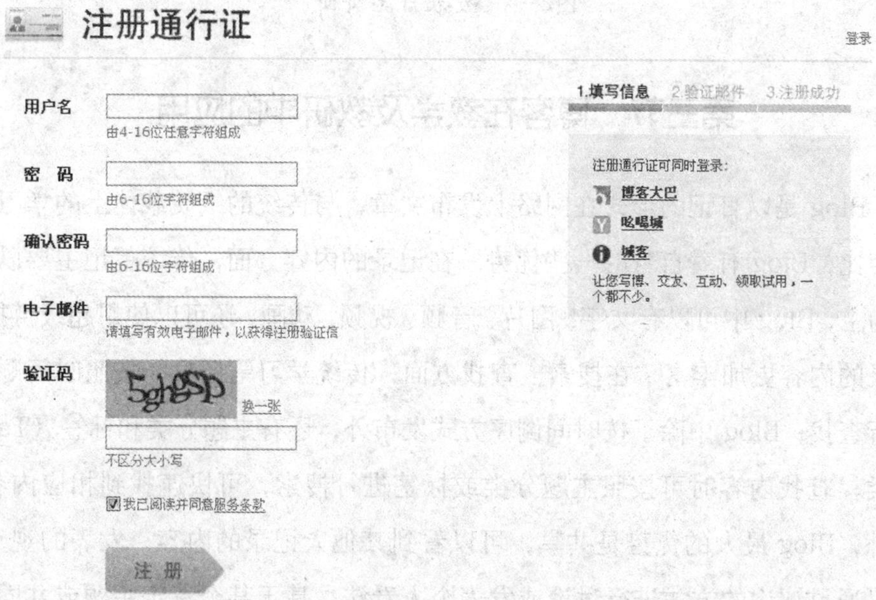

图2-2　注册页面

| 管理中心 | 博客 | 文件 | 友邻 | 活动 |

写新日志 日志 模板 评论 引用 分类 标签 博链 友情链接 博客设置 访问统计 全部博客

图2-3 博客菜单

写日志   当前博客：影子 品

标题：   时间： 2011-9-13 10:19 ✐

帮助信息
· 在日志中插入图片
· 在日志中插入书籍
· 在日志中插入音/视频
· 缤纷表情任您选
· 滤掉讨厌的格式
· 私密日志，贴心保护
· 置顶重要日志
· 发布时机，由您设置
· 阅读"受欢迎"的标签

插入表链 插入图片 插入书籍

字体 ▾ 文字大小 ▾ A ▾ B I U ABC HTML

路径：

分类： 选择分类... ▾ 创建分类   标签： 最多可以加5个标签，用逗号或空格分隔   自动提取标签

高级选项 ▾

发布日志   保存草稿

图2-4 发表日志页面

第三节　博客在教学及教研中的应用

Blog 是以日记的形式在网络上发布文章，与传统的纸质载体上的学习笔记相比，Blog 有着自身的一些优势。在记录的内容方面，传统笔记主要以文字为主，Blog 中可以有文字、图片、音频、视频、动画，还可以使用超级链接，记录的内容更加丰富；在搜索、查找方面，传统学习笔记只能按照时间顺序进行查找，Blog 中除了按时间倒序方式发布外，还有主题分类和标签（Tag）分类，查找内容时可按照主题分类或标签进行搜索，可快速找到相应内容。另外，Blog 最大的优势是共享，可以看到其他人记录的内容、发表的观点，可以通过评论的方式进行讨论或发表个人看法，基于某个特定主题或共同利

益的人可以组成博客群，进行群体创作。

Blog 具有以上优势，所以在教育教学中可以将 Blog 作为记录的工具、交流的平台、教研社区进行使用。

一、记录工具

Blog 作为网络时代的一种新型记录工具具有书写方便、信息共享、便于管理、归类和检索等优势。通过长期的记录、积累，Blog 可以作为用户的素材库、资源库，而且分类清楚、查找方便。

教师通过创建个人博客，可以记录教学工作心得、优秀教学资源、成功的教学设计过程、教学组织过程中运用的教学方法和教学策略等，教师还可以记录下自己学习、思考的片断。随着教学经验的积累，教师可以通过阅读 Blog 回味过去所写内容，不断反思自己的观点和教学方法，积极修正理解上的偏差，从而产生更多的体会和感受。教师还可以把记录的内容与其他用户分享，通过他人的评价帮助自己反思。

学生也可以利用 Blog 来建立个人的电子档案袋（e - Portfolio）来反映学习进程。所谓电子档案袋就是在 Blog 中记录学习者所完成的学习任务的全过程情况，其中包括学习者自身的创作内容、资源的链接、文档、图片、声音和视频文件等，还有其他用户评论信息。学生利用 Blog 记录下每天所思、所学的内容，教师和家长及学生本人可以定期了解各个阶段学生的想法、学习情况、个人知识形成和认识提升的情况。老师可以观察到一个更丰富、更立体的学生个体，能够从学习知识过程的方法、情感、心理方面全面评价学生，而不是简单地针对学习结果进行评价。

二、交流平台

Blog 在教学中可以作为交流平台，按照应用对象不同可分为：教师专业发展交流、师生交流、同伴交流三种应用形式。

1. 教师专业发展交流。Blog 可以记录教师对实际工作的观察和思考以及汇集一些教学资源，通过与同领域中其他教师的分享，一方面使自己的劳动创造出更大的社会价值，另一方面也使自己在分享交流中获得更快的提高。针对从教于不同领域的教师，还可以形成基于主题交流的 Blog，如学前教育中游戏专题的 Blog、基础教育中学生心理专题的 Blog 等。这种基于主题的 Blog 通常需要多个教师共同组织、共同参与。基于主题的 Blog 是教师自我培训、自我完善的一个快捷途径和方式。

2. 师生交流。Blog 也为教师和学生进行沟通交流提供了良好的交流平台。不论是在以学校为组织的课堂教学还是以网络为纽带的虚拟学校、虚拟课堂，教师都可以将自己学生的学习情况、相关教学资源的链接地址等记录在 Blog 上。学生也各自通过 Blog 记录每一天学习的心得，收集一些有价值的学习资源。通过 Blog，师生彼此分享心得、分享知识、促进了解、增强理解。另外，教师和学生的交流也可以以基于主题的 Blog 形式展开。教师（或学生）提出研究探讨的主题，然后教师充当引导、帮助者的角色，通过 Blog 将学生对该主题的一些认识、查找的相关资料整合在一起，供所有人分享，并将对该主题的讨论引向深入。

3. 同伴交流。学生通过 Blog 除了记录学习心得，还可以通过互联网上的各种资源来培养自己的学习兴趣，丰富自己的第二课堂生活。学生可以将自己的所思、所想、所见、所得都记录在 Blog 上，让同学、朋友来分享交流。

三、教研社区

教师可以通过 Blog 组成教师博客群，通过网络进行教研活动。借助网络优势和教师博客特点，可以突破教研活动中时间和空间的限制，成本低，效率高，使教师之间加强了信息交流，实现了资源共享，大大提高了教研工作效率。

【资源链接】 **主要的教师博客：**

中国教育人博客（http://blog.edu.cn/index.html）

中国教师博客网（http://js.blogchina.com/）

ME 博客－数学教师博客群（http://www.meblog.cn/index.html）

中小学继续教育网－教师博客（http://blog.teacher.com.cn/）

主要的区域性教育博客群：

常熟教育博客 (http://blog.jscsedu.com/)

江苏教育博客 (http://www.szeblog.cn/index.html)

苏州市平江区教师网志联盟 (http://blog.pjedu.com/index.asp)

吴中教育网志 (http://blog.wxedu.net/index.html)

海盐教师博客 (http://www.jsblog.cn/index.html)

中山教师博客 (http://www.1363.cn/)

海宁教师博客 (http://blog.zjhnedu.com/)

苍南教育智客网 (http://www.cnpkm.com/)

淄博新课程网络教研博客 (http://www.zbedu.net/blog/index.htm)

案例分析——好看簿的使用方法

好看簿 (www.haokanbu.com) 是一个帮助用户用照片记录生活的免费图片博客，具有上传便利、图文并茂、操作简单等特点。使用方法如下：

图2-5 好看簿主页

1. 注册

登录到好看簿 (www.haokanbu.com) 主页 (如图 2-5)，点击页面上方的"注册"或主页底端的"立刻注册"按钮，进入注册页面 (如图 2-6)。在注册页面中输入用户名、密码、电子邮件等注册信息，之后点击"注册"。好看簿会向注册信息中所输入的信箱发送激活邮件，进入信箱中按照提示内容进行激活即完成注册。

2. 登录

在好看簿主页上方点击"登录"，进入登录页面（如图2—7），输入账号、密码，点击"登录"按钮即可进入到自己的好看簿（如图2—8）。

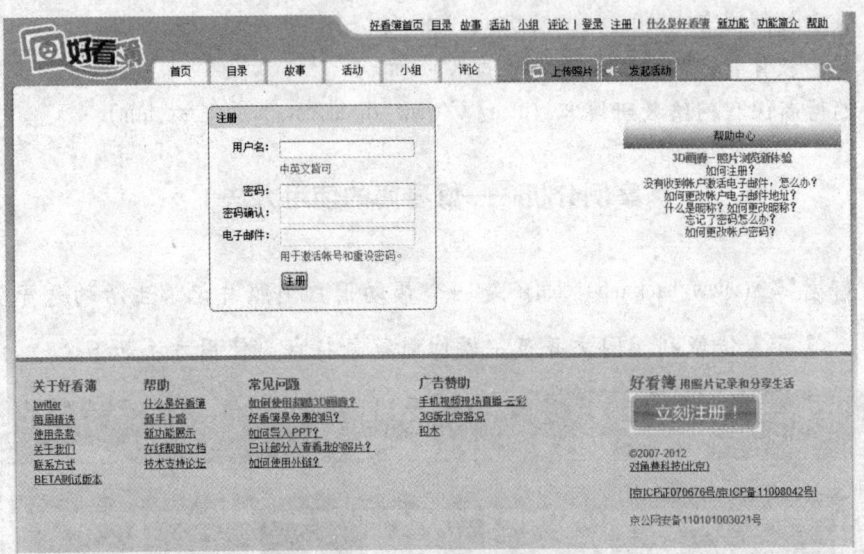

图2—6 注册页面

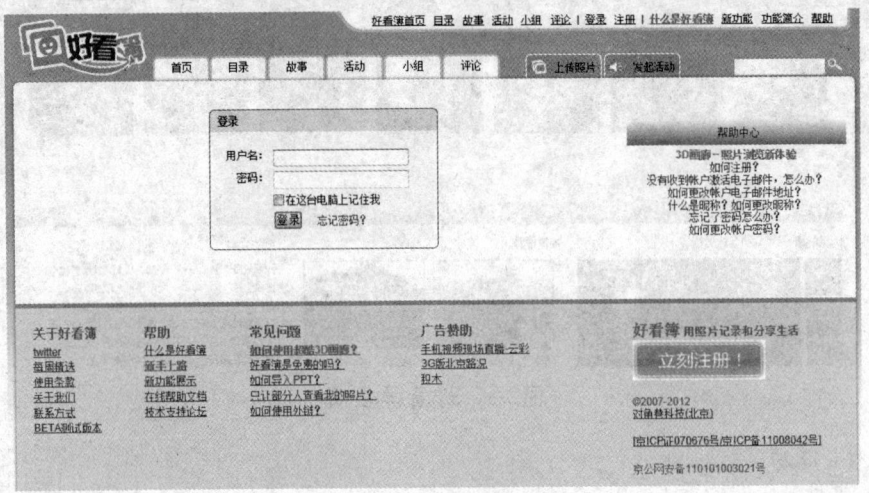

图2—7 登录页面

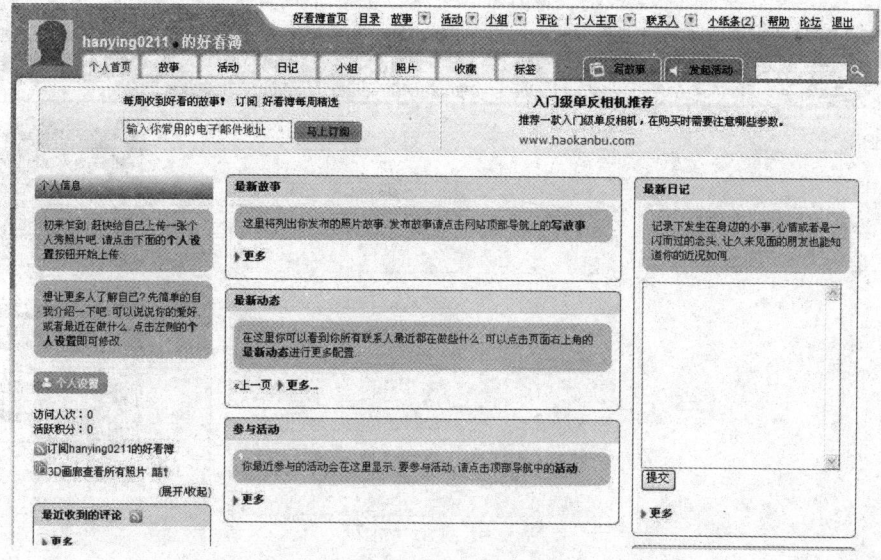

图2-8 个人好看簿主页

3. 写故事

"照片故事"是好看簿独创的分享照片的方式。与传统的"相册"不同，"照片故事"提供了非常方便快捷的工具，帮助用户用文字和声音记录下每张照片背后的故事。"故事"记录的内容是多种多样的，可以是郊游活动的记录、设备的使用指南、会议内容与过程的记录、课堂教学过程记录、班级学生管理的记录等。 具体使用方法如下：

（1）上传照片

登录到好看簿的个人主页中（如图2-8），点击页面上方"写故事"红色按钮，进入到上传照片页面（如图2-9）。在上传照片页面中点击"添加文件"按钮，在弹出的对话框中选择上传的照片。如果要删除已添加在文件中的照片，选择需要删除的照片，点击"移除"按钮即可删除该照片（如图2-10）。所有照片添加完毕后，点击"上传"按钮，进行上传照片。上传结束后，点击"下一步"按钮，进入故事编辑页面（如图2-11）。

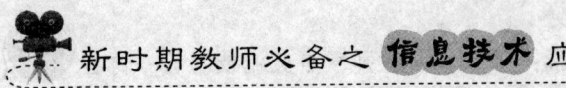
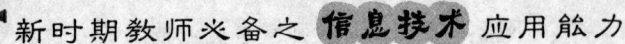
新时期教师必备之 信息技术 应用能力

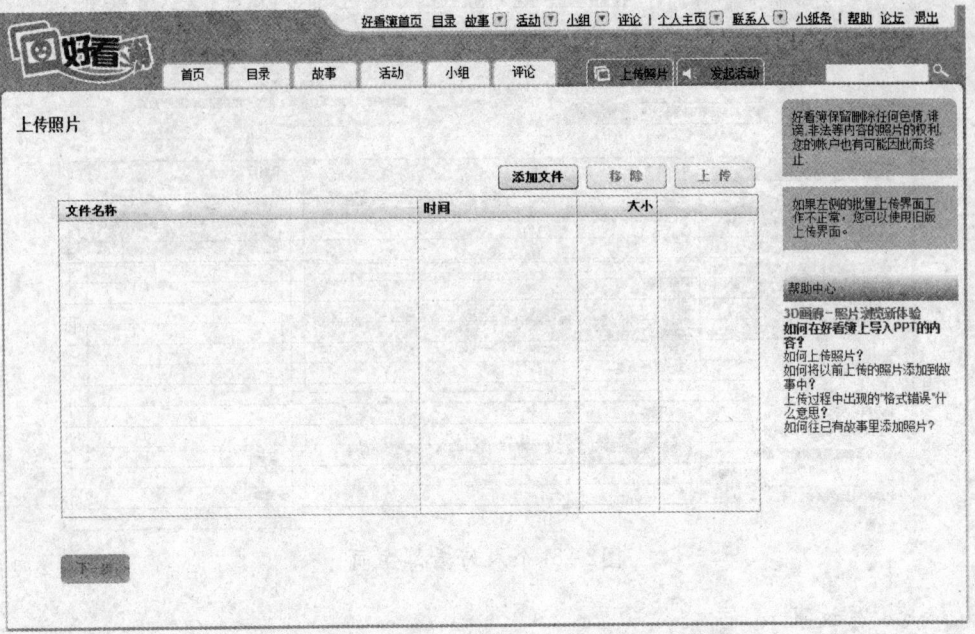

图2-9 上传照片

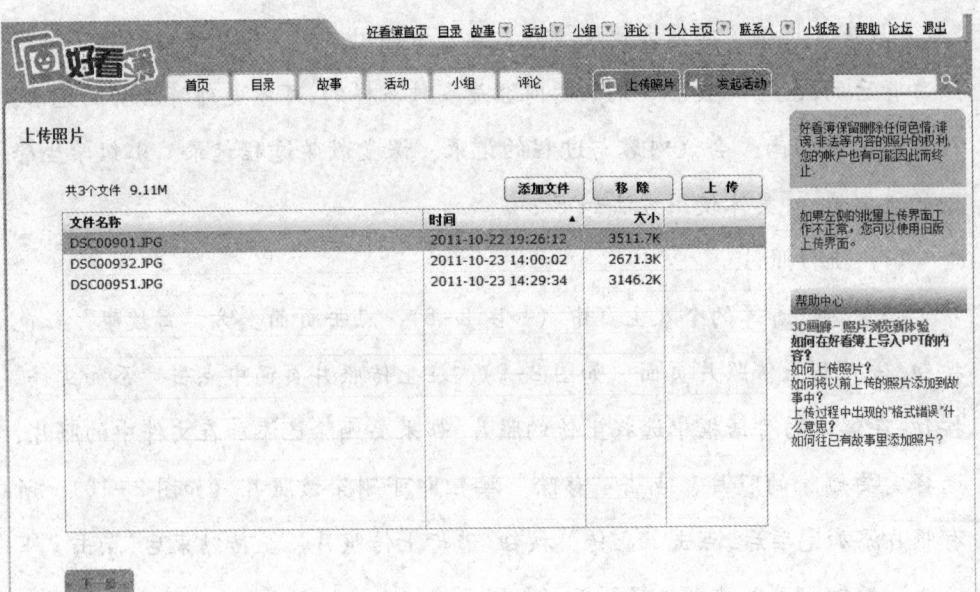

图2-10 移除照片

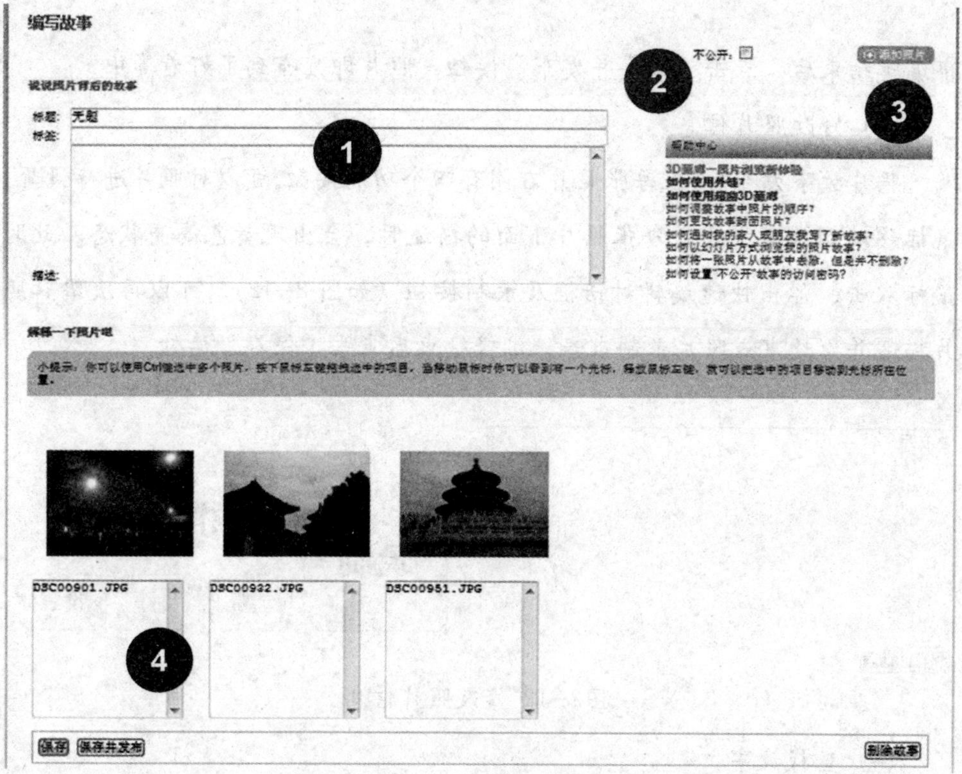

图2-11　编写故事

（2）编写故事

在"编写故事"页面（如图2-11）中，"标题"、"标签"和"描述"是用来记录和描述照片背后故事的。无论是一次出游，还是班级活动，给这些照片起一个标题，添加一些描述，能记录下来单张照片无法捕捉的记忆。"标签"是用来描述这些照片的关键字，如"北京旅游"等，准确有效的标签能减轻管理的负担。

可以设置浏览权限。默认状态下，上传照片是公开的，所有人都能看到。如果只想好友或知道访问密码的人看到这些照片，则选中"不公开"复选框，保护个人隐私。"添加照片"按钮可以继续为故事添加新的照片，还可以为每张照片写一个描述，可长可短。

编辑完毕后点击"保存"，即可看到未发布时自己的照片故事了。在照片故事页面中，点击"编辑"按钮可以很方便、快速地继续编辑照片故事。故事编辑结束后，点击"保存并发布"按钮，照片即发布到了好看簿中。

（3）修改照片信息

照片故事发布后，在每张照片右侧有四个功能按钮，可以对照片进行设置。鼠标移动到故事描述或每张照片下面的描述时，会出现黄色高亮状态。此时鼠标双击，弹出快速编辑对话框及录制按钮（如图2-12），可以再次编辑照片描述并为故事或照片录制声音。编辑结束后点击"保存"按钮。

图2-12 修改照片信息

（4）查找故事

查找故事时可以使用搜索框进行查找，该搜索框是全局可见的搜索框，无论在哪里，都可以通过输入进行搜索。搜索的内容除照片外，还能搜索各种类型的信息，如用户、小组、日记等。

第三章　教学资源汇聚技术——RSS订阅

第一节　RSS介绍

RSS 是一个缩写的英文术语，在英文中被认为有几个不同的源头，并被不同的技术团体、不同的解释。它既可以是"Rich Site Summary"（丰富站点摘要）或"RDF Site Summary"（RDF 站点摘要），也可以是"Really Simple Syndication"（真正简易聚合）。其实这三个解释都是指同一种 Syndication 的技术。

RSS 是站点用来和其他站点之间共享内容的一种简易方式（也叫聚合内容），通常被用于新闻和其他按顺序排列的网站，如 Blog。网络用户可以在客户端借助于支持 RSS 的新闻聚合工具软件，在不打开网站内容页面的情况下阅读支持 RSS 输出的网站内容。例如：假设一个人每天通常要浏览 30 个网站获得各种所需信息，以现在浏览网页的方式，就需要登录 30 个不同站点搜寻每天可能发布的新信息，因为作为终端用户很难获知这些网站何时进行新信息的发布。在访问之时，如果某个网站暂时没有新内容，那么这个人可能就要在一天内多次访问某些网站。这种访问方式获取信息的效率较低，随机性大。但如果将这 30 个网站放到一个浏览器或页面下，当某个网站有了新信息的发布，这个浏览器就能发出通知，显示更新内容，这样用户就不用登录很多网站，多次查找信息，节约了时间，也不会错过新信息，提高了信息的获取效率。

RSS 订阅可以将个人感兴趣的网站和栏目集中在一个页面。通过这个页面就可浏览和监视这些网站的情况，一旦哪个网站有新内容发布就随时报告，显示新信息的标题和摘要，甚至全文。这些信息可以是文本，还可以是图片、音乐、视频。RSS 阅读器能够记录个人浏览的历史记录，以每个使用者的阅读历史判断信息的新旧，用户阅读过的就被认定为旧信息，未被阅读的被当作新信息。因此，用户订阅的网站每一次更新的记录（未读的）都不会被错过，即使用户好几天才有机会上一次网。

第二节 RSS订阅的使用方法

RSS 订阅是指在遵循 RSS 标准的基础上，通过 RSS 阅读器获取来自若干不同信息源站点更新信息的技术与方法。使用 RSS 订阅能更快地获取信息，网站提供 RSS 输出（如图 3-1），有利于用户获取网站最新更新的内容。网络用户可以在客户端借助于支持 RSS 阅读软件，在不打开网站内容页面的情况下阅读支持 RSS 输出的网站内容。

图3-1 RSS订阅图标

RSS 阅读器分为在线阅读器和离线阅读器。在线阅读器的优点为：不受机器限制，只要联网通过浏览器就可以使用；速度比较快，阅读内容可以实时同步，不需要安装软件；可以分析用户阅读习惯。还可以获取一定的统计，相应增值服务比较多；强大的搜索比较方便。离线阅读器的优点为：可以将文章下载到本地，可以离线阅读；不受浏览器限制，方便操作管理。RSS 除了在 PC 上使用以外，还可以通过手机的 RSS 阅读软件订阅一些电子媒体、Blog、新闻等，专门在手机上使用的 RSS 阅读器是手机 RSS 阅读器。

RSS 订阅方法：首先需要安装一个 RSS 阅读器或者注册一个在线阅读器，

然后将提供 RSS 服务的网站加入到 RSS 阅读器中即可实现订阅。

【资源链接】　主要的在线阅读器：

Google 阅读器 (http://reader.google.com)

My MSN (http://my.msn.com)

newsgator (www.newsgator.com)

My Yahoo! (http://my.yahoo.com/)

鲜果 (http://xianguo.com/)

有道阅读 (http://reader.youdao.com)

主要的离线阅读器：

FeedDemon、Rssreader、GreatNews 等。

第三节　RSS订阅在教学及教研中的作用

一、自动聚合最新的教学资源

Internet 上拥有众多的教学资源，如教研论文、教案、视频教程、多媒体教学素材和学习对象库等，这些教学资源为教师的教学和学生的学习提供了便利。如果采用搜索引擎检索，必须花大量时间才能获得满意的资源，且无法保证所获得的教学资源是最新的。如果采用 RSS 技术预定了网站上的某类教学资源，一旦网站上的这些教学资源被更新，就会自动发送到链接源阅读器中。使用者只需打开新闻阅读器就可浏览其标题和内容概要，单击链接源就可在链接源阅读器中阅读全文，而不必直接访问该网站。这一方面保证教师获取的教学资源是最新的，有利于教师将最新的多媒体素材和学习对象直接整合到课堂教学中，为数字化课堂教学提供便利；另一方面，教师不必为查找资源而直接遍历各个教学资源网站，节省了上网查找资源的时间；同时也为学生提供了便利的学习条件，及时搜索到所需的学习内容，巩固所学知识，为学生自学提供了更丰富的资源。

二、自动跟踪学生的学习

博客已成为教师的教学工具和学生的学习工具，所有的博客网站都支持RSS订阅功能。在学生博客中使用 RSS 技术,可使教师自动跟踪学生的学习,这样教师不必每天检查所有学生的学习日志，只需使用 RSS 阅读器链接源跟踪学生的学习进展，对他们的学习进行评论。因此，使用 RSS 链接源可使教师及时了解学生的学习,通过评论进行个性化指导和实现班级学习的无纸化。

三、即时发布学习信息

教师可以采用 RSS 技术在学科教学网站或博客中即时发布学习信息，如教学安排、学习辅导、问题解答、作业布置和测验考试等，这些信息会自动、直接和几乎同时地传送给学生，不会出现通过 E-mail 发送时产生的邮件丢失或系统退信等现象。如果家长预定了这些链接源，也可据此了解该课程的教学情况和检查学生的作业完成情况。

四、实现作业批改网络化

使用 RSS 订阅技术，教师无需一个一个地进入每个学生的博客中去浏览他们提交的作业，而可以通过一个聚合工具——RSS 阅读器，将每个学生的博客订阅在一个 RSS 阅读器中，自动获得每个学生最近更新的内容，并对学生作业进行批改，也不必为了等待学生最新完成的作业而不断地刷新网页，因为一旦有了更新，RSS 阅读器就会自动告知。

五、实现学习资源建设

RSS 技术提供了新的信息组织结构和信息呈现方式，应用 RSS 技术建设网上学习资源，可以对信息以频道进行分类，同时每一信息条目可以以摘要形式呈现给用户，用户通过摘要信息决定是否打开详细阅读。这样提高了查找效率，增加了有效阅读时间。运用 RSS 技术可针对不同学科和不同知识点建立不同的知识频道，经教师和学生的参与可以逐步建立相关的专业资源库。同时由于 RSS 的聚合性，可实现不同学校的资源共享，发挥各学校的专业所长。这样一方面可以减少简单的重复建设，另一方面也可以集中优势建设高质量的网络学习资源库。

实例——鲜果网站的使用方法

鲜果是国内最大的在线阅读服务提供商，创建于2007年。使用鲜果就像订报纸、杂志一样，可以从近300万个博客、新闻网站、报纸杂志、电子书、网络小说中订阅任何喜欢的内容。具体使用方法如下：

1. 注册

首先登陆到鲜果网站（http://xianguo.com），在页面上点击"注册"（如图3-2），在注册页面（如图3-3）中输入相应内容后，点击"立即注册"按钮。

图3-2　鲜果网站首页

2. 订阅

账号注册完毕后，登录到网站中，在"鲜果社区"页面的右上方四个图标中点击"阅读器"图标（如图3-4），进入"我的订阅"页面（如图3-5）。

在订阅页面中间的"快速添加频道"文本框中键盘输入或粘贴要订阅的网址，然后单击"订阅"按钮即可完成订阅。同样，在订阅页面的左上方点击"添加频道"（如图3-6），在弹出的对话框中的"快速添加频道"文本框中键盘输入或粘贴要订阅的网址，然后单击"提交"按钮，也可完成订阅。

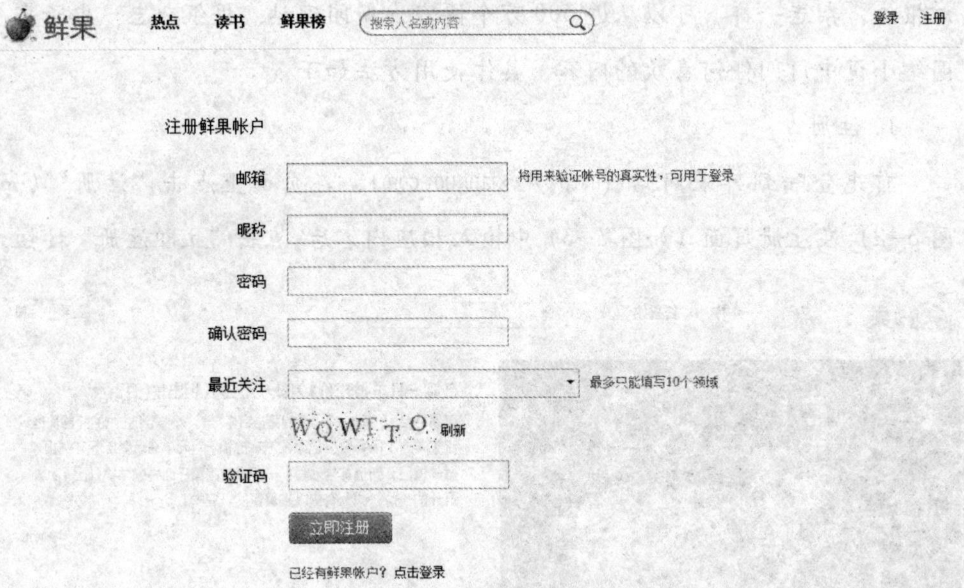

图3-3 注册页面

图3-4 "鲜果社区"页面

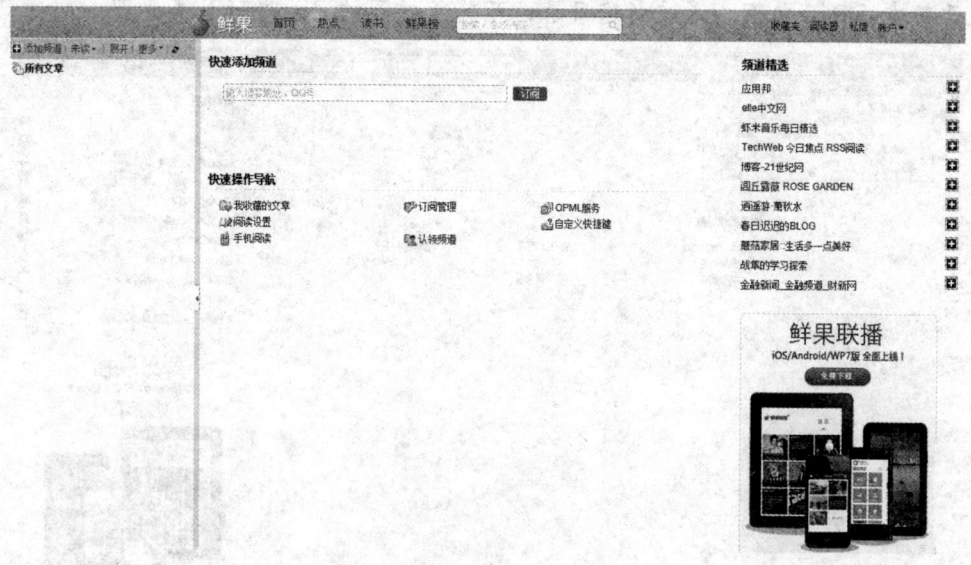

图3-5 "我的订阅"页面

3. 其他订阅方法

在订阅页面（如图 3-5）右侧"频道精选"中列出了一些精选的网站或博客供大家订阅，点击右侧的加号，然后选择"新建目录"或"根目录"即可订阅。还可通过点击页面左上角"添加频道"，在弹出的对话框（如图 3-5）中点击"更多订阅方式"，在"添加订阅"页面中的"推荐订阅"下面选择订阅的内容，点击"订阅"文字即可订阅。此外，还可点击页面上方的"鲜果榜"，选择订阅的内容。

4. 订阅管理

当订阅内容逐渐增加时，需要对订阅的网址进行管理。在订阅页面（如图 3-4）中，点击左上角"更多"，在弹出的菜单（如图 3-8）中，可以选择"按字母排列"、"按级别排列"或者"频道拖拽排列"，对所有订阅的频道进行排列。另外还可选择"订阅管理"命令，进入订阅管理页面（如图 3-9）对所有频道进行设置和管理。在频道目录中，选中一个或几个网站，点击频道目录上方的"移至目录"或者"所属目录"下方的"根目录"，即可弹出对话框。在对话框中选择"新建目录"，然后输入新目录的名称，即可将选中的网站移至新建的目录之下。通过新建目录，可将所订阅的网站进行分类管理。

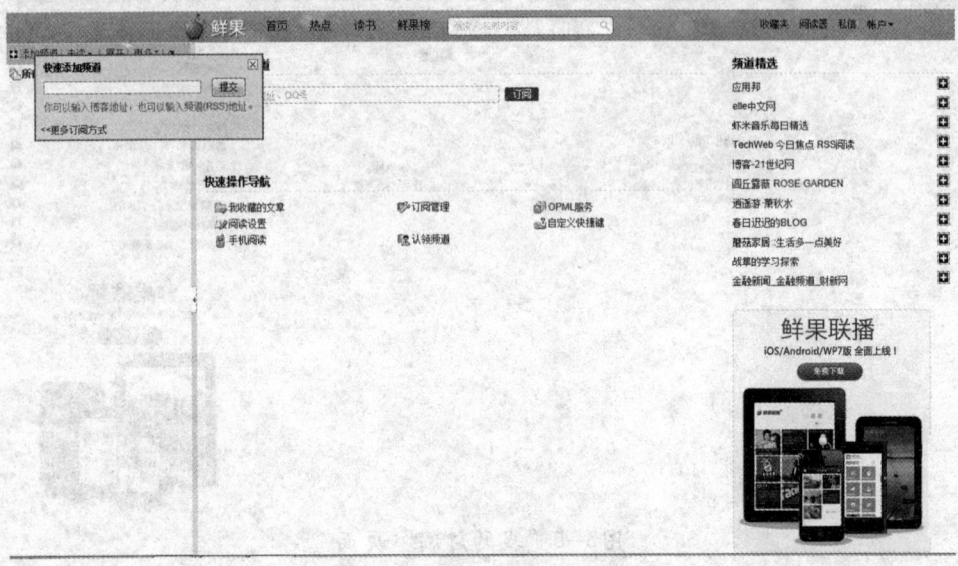

图3-6 "添加频道"页面

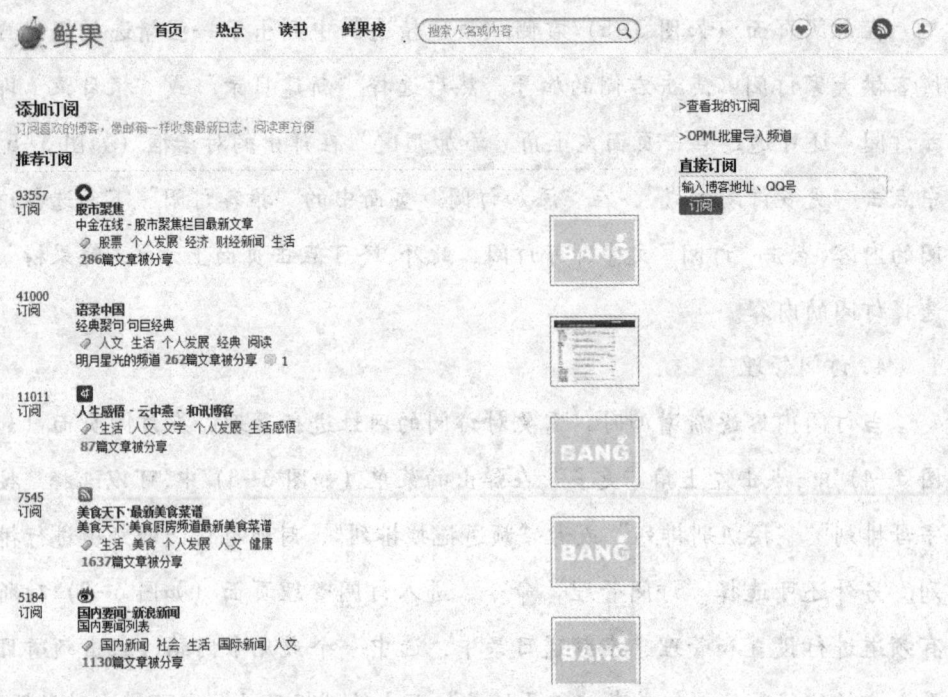

图3-7 "添加订阅"页面

如果想要删除已订阅的网站，先选中需要退订的网站，然后点击目录上方的"退订"或"操作"下方的"退订"，即可删除已订阅网站。

目录上方的"设置"命令中可以精选"分享"、"私有"、"重要频道"、"普通频道"、"开启手机阅读"、"取消手机阅读"设置。

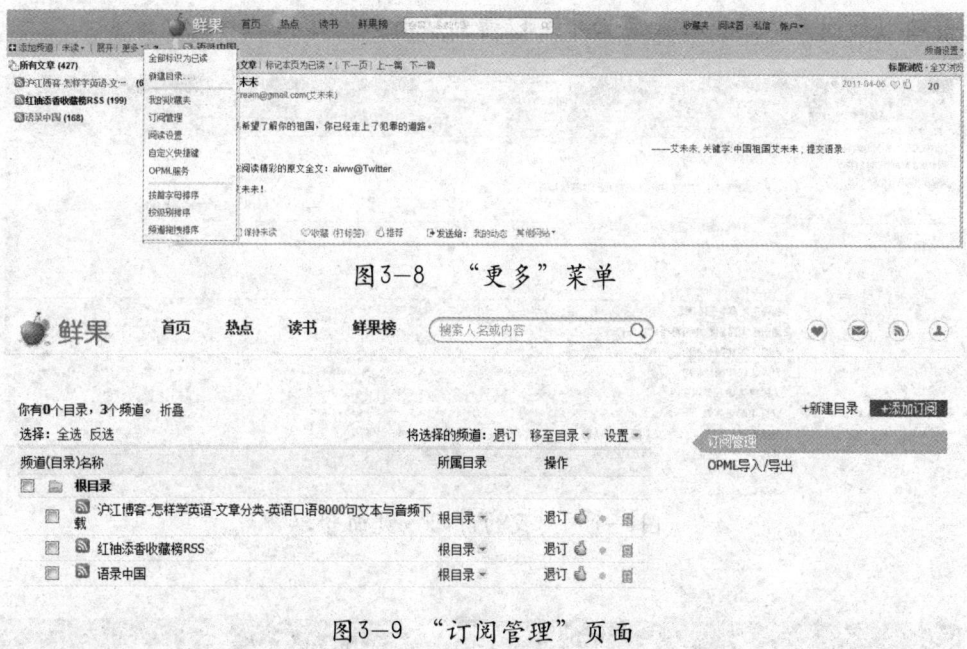

图3—8 "更多"菜单

图3—9 "订阅管理"页面

5. 订阅页面介绍

阅读器中已订阅网站后，"我的订阅"页面（如图3—10）中左侧显示所有订阅的网站，右侧显示选中的网站中的文章标题。左侧"所有文章"及下面所订阅的每个网站后面括号中的数字代表未读文章的数量。右侧页面上方如"语录中国"是该网站的标题，标题下方的黑色粗体标题表示未读文章，黑色细标题是已读文章。点击标题可以打开原网站中的该篇文章，点击标题行而不是标题本身，可在阅读器中直接查看该文章。在标题行右侧的时间表示文章发布的时间，标题行右侧和文章下方均有"心形"图标和"手型"图标。点击"心形"图标表示"收藏"该文章，点击"手型"图标表示"推荐"该文章。标题行右侧方块中的数字表示"收藏或分享这篇文章的人数"，点击该数字，在弹出的对话框中会显示出这些人的账号（如图3-11）。右侧页面下方左侧显示的数字（图3-10），如"共169篇"，表示该网站到目前为止所有的文章数；页面下方右侧的数字（图3-10），如"41001个订户"，表示到目前为止有多少人订阅了该网站，点击该数字即可进入订阅用户页面（如图3-12），在此页面中可以看到所有订阅该网站的用户账号。

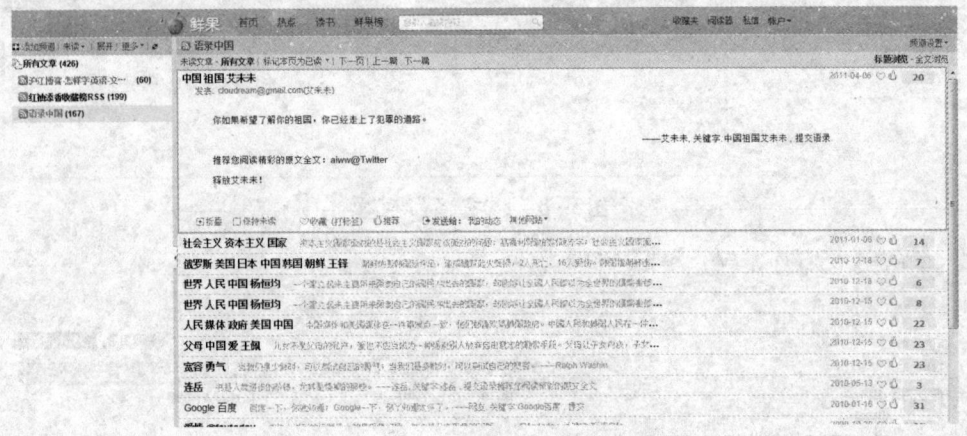

图3-10 "我的订阅"页面介绍

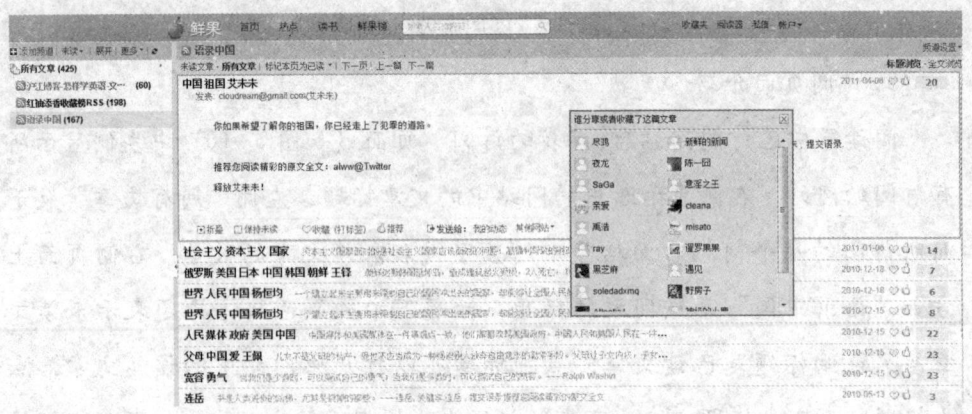

图3-11 收藏或分享该文章用户

图3-12　"订阅用户"页面

第四章 教学资源管理技术——社会性书签

第一节 社会性书签介绍

社会性书签（Social Bookmarking），又名网摘或网页书签，是一种超链接的收藏和分享的社会性软件或网站。因为收藏的超链接可以被许多人在网络上分享，因此有人称之为网络书签。用户可以通过它来收集、分类、聚合感兴趣的网络信息，如新闻、图片、资料、网站等。同时，也能方便地与其他人分享自己的个人收藏，并从其他用户收藏中进行信息采集。社会性网络书签使得信息的分享和交流更为简单和方便。

社会性书签区别于浏览器收藏夹的地方主要在于"收藏"所产生的"发现"效应，即帮助用户通过"收藏"网络资源不断"发现"网络资源，这是社会性书签的核心作用。用户不仅可以随时查看自己的收藏，也可以看得别人的收藏内容，发现兴趣相同的人，关注他们收藏的内容，即发现新的网络资源、收藏、再发现、再收藏，如此不断循环。

【资源链接】 英文：

美味书签（http://delicious.com）

Digg（http://digg.com）

Bloglines（http://www.bloglines.com/index.html）

OpenFav Share Favorite（http://openfav.com）

Mister Wong（http://www.mister-wong.com）

中文：

QQ书签（http://shuqian.qq.com）

百度搜藏（http://cang.baidu.com）

OpenFav 中文（http://openfav.com）

Mister Wong 中文（http://www.mister-wong.cn）

第二节　社会性书签的使用方法

提供免费收藏夹功能的网站很多，但操作方法大同小异，在此以中文网站百度搜藏为例介绍社会性书签的使用方法。

一、注册

登录百度搜藏（http://cang.baidu.com/）网站，在页面（如图 4-1）中点击"立即注册百度账号"按钮进行注册。

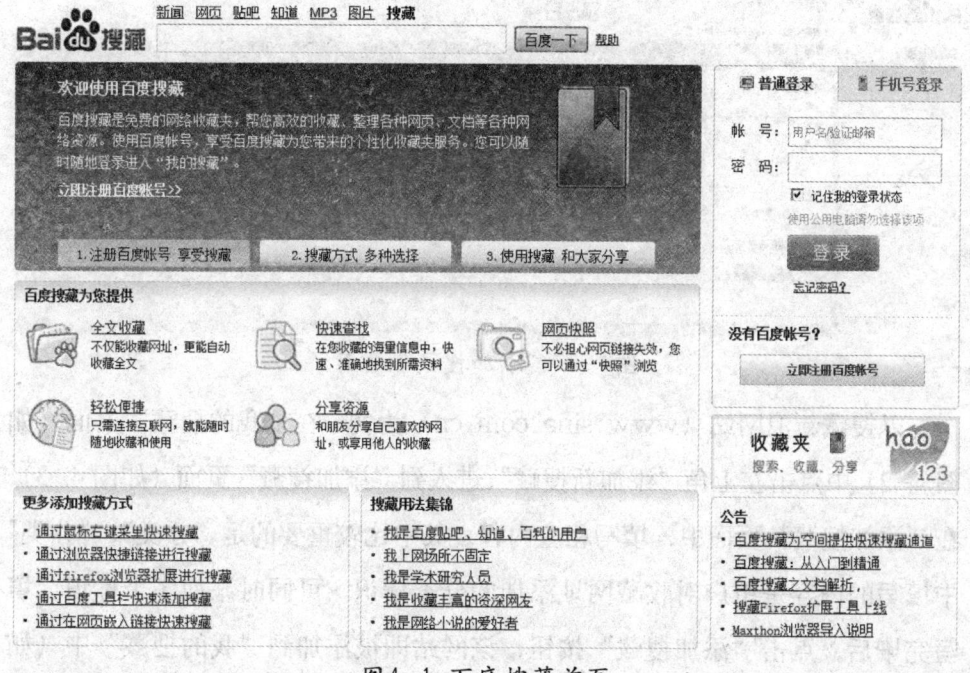

图4-1　百度搜藏首页

二、收藏

登录进入到百度搜藏后，在"我的搜藏"页面（如图 4-2）中，按照提示直接添加网址或者添加快捷菜单。

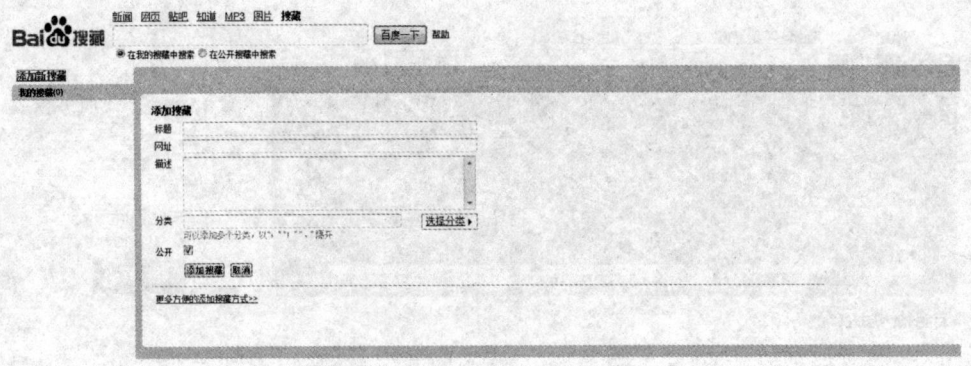

图4-2 "我的搜藏"页面

图4-3 "添加搜藏"页面

以搜藏新浪网站（www.sina.com.cn）为例，在"我的搜藏"页面（如图4-2）中点击左上角"添加新搜藏"，进入到"添加搜藏"页面（如图4-3）。在"添加搜藏"页面中，填写相应内容。其中比较重要的是"分类"，"分类"中填写的内容是用户对收藏网址添加的分类标识，可同时添加多个标识。填写完毕后，点击"添加搜藏"按钮，该网站即被添加到"我的搜藏"中（如图4-4）。"我的搜藏"页面左侧"我的搜藏"后面的数字表示收藏网址的总数量，"我的搜藏"之下每个分类名称后面的数字，如图中"综合网站"后面的数字，表示该分类下收藏网址的数量。页面右侧列出所有已收藏的网址，鼠标移动到网址标题行时,在最右侧会出现"编辑"和"删除"两个按钮。点击"编辑"按钮即可对网址的标题、描述、分类进行修改和编辑,点击"删除"按钮即可删除该收藏记录。

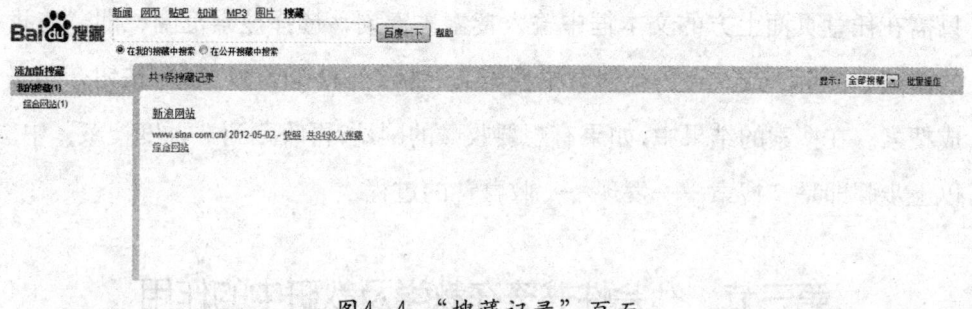

图4—4 "搜藏记录"页面

三、共享

网址后面显示的数字代表到目前为止收藏该网址的人数,点击该数字会进入到搜藏者页面（如图4-5）,在该页面中会显示出所有收藏该网址的账号。点击某一个账号,即可访问到该账号搜藏的所有公开网址。这个过程就是"收藏——联系——发现"的过程,通过收藏网址,联系到收藏同一网址的所有人,然后发现更多的网址,由此会在网络上联系更多的人,发现更多的网址,形成网络上的人际互联和资源共享。

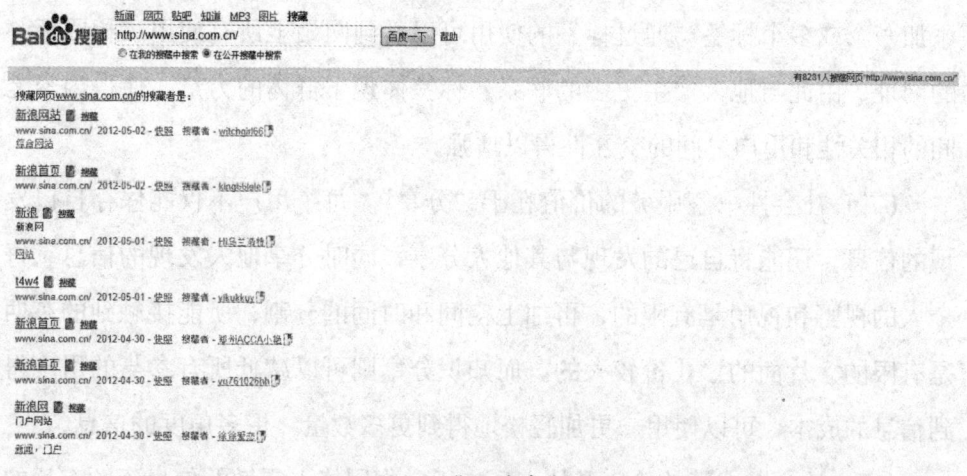

图4—5 "搜藏者"页面

四、搜藏

社会性书签除了具有收藏网址功能外，还具备搜索的功能，即在个人收藏或所有公共收藏的网址范围内搜索某类网址。在百度搜藏中搜索网址时，只需在任意页面上方的文本框中输入搜索关键词，选择搜索范围，即"在我的搜藏中搜索"或"在公开搜藏中搜索"，然后点击"百度一下"按钮，即完成搜索。在搜索的结果中，如果有想要收藏的网站，再收藏到"百度搜藏"中。以上步骤即是"搜索——发现——收藏"的过程。

第三节　社会性书签在教学及教研中的作用

一、社会性书签的特点

社会性书签提供的是一种收藏、分类、排序、分享互联网信息资源的方式，有以下三个特点：

（一）存储网址和相关信息列表。使用标签（Tag）对网址资源进行有序分类和索引，使网址及相关信息的社会性共享成为可能，通过分类机制使具有相同兴趣的用户更容易彼此分享信息和进行交流。通俗地说，标签就是一种更为灵活、有趣的分类方式，可以为每篇文章、每个帖子或者每张图片等添加一个或多个标签。通过标签的使用可以看到网站上所有使用了相同标签的网址，由此与他人产生更多的联系。标签体现了群体的力量，使得内容之间的相关性和用户之间的交互性得以增强。

（二）社会性书签服务的价值在于"分享"。每个用户不仅能保存自己发现的信息，还能将自己的发现与其他人分享，同时分享他人发现的信息。每个人的视野和视角是有限的，再加上空间和时间的分割，所能接触到的东西是有限的、片面的、代价较大的。而知识分享则可以减低所有参与的用户得到信息的成本，可以使用户更加轻松地得到更多数量、更多角度的信息。

（三）社会性书签的价值及特点还在于它将网络上零散的信息资源有目的

地进行汇聚整理，然后再呈现出来，对零乱的收藏内容进行分类，方便检索。对于信息资源的收藏及整理，突破了时间、空间、地点的限制，任何时候、任何地点都可以进行。在保存信息的同时，可以对信息资源作必要的描述和注解，积累形成个人知识体系。用户通过知识分类，可以更多、更快地认识具有相同兴趣和特定技能的人，形成交流群体，通过交流和分享互相增强知识，满足沟通、表达等社会性需要，并可以满足人收藏、展示的性格需求。

二、社会性书签在教学及教研中的作用

（一）促进知识管理

知识管理指个人通过工具建立知识结构并不断完善，以实现知识的集成、内化和创新的过程。它还可以促进显性知识与隐性知识的相互转化。同时，社会性书签能够帮助用户使用和管理显性知识，将显性知识进行社会性书签的融合，实现显性知识的组合化。

（二）整合学习资源

社会性书签的强大功能还体现在它能够将网络上较为零散的信息资源进行整合并呈现，将零乱的收藏内容进行分门别类的整理，便于管理、检索。

（三）优化评价方式

公正客观的学习评价需要掌握有关学习者的一切材料，同时还需要对学习过程实施一定程度的监控管理。

（四）共享优质资源

社会性书签基于网络共享平台的特征使得整个网络群体中的任何用户都能享受到互联网上优秀的资源。由于个体所获得的资源总是有限片面的、代价较大的，而社会性书签的共享特性则能降低用户获取信息的成本，从而使用户更加轻松地得到更多数量、更多角度的信息。

（五）追踪领域动态

用户在社会性书签平台上能够搜索到某一特定领域的全部内容，从基础到发展以及时下最前沿的理论实践等。通过 RSS 对某一特定专家的书签进行

订阅，定点关注，追踪专家研究的印迹，紧跟发展步伐。

（六）构建同好社群

用户之间通过观察相同标签的使用，能找到与自己有相同兴趣爱好的人，如此就可以构建特定同好社群。用户之间还能进一步形成诸如学习共同体、教师共同体之类的网络共同体组织。

参考文献

[1] 罗艳. 即时通讯软件（IM）在教学中的应用 [J]. 科技信息（学术版），2007(24).

[2] 黄平江. QQ在教育教学中应用现状综述 [J]. 黑龙江科技信息，2008(23).

[3] 庄秀丽. 社会性软件变革知识传播方式 [N]. 中国教育报，2004-5-31（第6版）.

[4] 韩颖. Blog文化及其在教育中的应用 [J]. 江西教育，2004(11).

[5] 曾昭慨. 基于Web 2.0的中小学教学资源库建设 [D]. 江西：江西师范大学，2006.

[6] 卢官明、潘沛生. 多媒体技术及应用 [M]. 北京：高等教育出版社，2006.

[7] 陈伟. 办公自动化高级应用案例教程 [M]. 北京：清华大学出版社，2010.

[8] 宋强. OFFICE2007办公应用从新手到高手 [M]. 北京：清华大学出版社，2008.

[9] word/excel/powerpoint三合一办公应 [M]. 北京：人民邮电出版社，2010.

[10] 李世荣. 现代教育技术 [M]. 北京：清华大学出版社，2010.

[11] 林福宗. 多媒体技术基础 [M]. 北京：清华大学出版社，2002.

[12] 程智. 教师专业发展与现代教育技术 [M]. 广州：暨南大学出版社，2007.

[13] 陈大平. 搜索引擎技术方法之探析 [J]. 长春理工大学学报（高教版），2009 (10).